Auto
DISCIPLINA

Disciplina, Confiança, Autoestima e Desenvolvimento Pessoal

(Como Conseguir A Vida Que Você Quer Com A Dureza Mental)

Dean Early

Traduzido por Daniel Heath

Dean Early

Auto Disciplina: Disciplina, Confiança, Autoestima e Desenvolvimento Pessoal (Como Conseguir A Vida Que Você Quer Com A Dureza Mental)

ISBN 978-1-989837-87-0

Termos e Condições

De modo nenhum é permitido reproduzir, duplicar ou até mesmo transmitir qualquer parte deste documento em meios eletrônicos ou impressos. A gravação desta publicação é estritamente proibida e qualquer armazenamento deste documento não é permitido, a menos que haja permissão por escrito do editor. Todos os direitos são reservados.
As informações fornecidas neste documento são declaradas verdadeiras e consistentes, na medida em que qualquer responsabilidade, em termos de desatenção ou de outra forma, por qualquer uso ou abuso de quaisquer políticas, processos ou instruções contidas, é de responsabilidade exclusiva e pessoal do leitor destinatário. Sob nenhuma circunstância qualquer, responsabilidade legal ou culpa será imposta ao editor por qualquer reparação, dano ou perda monetária devida às informações aqui contidas, direta ou indiretamente. Os respectivos autores são proprietários de

todos os direitos autorais não detidos pelo editor.

Aviso Legal:

Este livro é protegido por direitos autorais. Ele é designado exclusivamente para uso pessoal. Você não pode alterar, distribuir, vender, usar, citar ou parafrasear qualquer parte ou o conteúdo deste ebook sem o consentimento do autor ou proprietário dos direitos autorais. Ações legais poderão ser tomadas caso isso seja violado.

Termos de Responsabilidade:

Observe também que as informações contidas neste documento são apenas para fins educacionais e de entretenimento. Todo esforço foi feito para fornecer informações completas precisas, atualizadas e confiáveis. Nenhuma garantia de qualquer tipo é expressa ou mesmo implícita. Os leitores reconhecem que o autor não está envolvido na prestação de aconselhamento jurídico, financeiro, médico ou profissional.

Ao ler este documento, o leitor concorda que sob nenhuma circunstância somos responsáveis por quaisquer perdas, diretas ou indiretas, que venham a ocorrer como resultado do uso de informações contidas neste documento, incluindo, mas não limitado a, erros, omissões, ou imprecisões.

Índice

Parte 1 1

Introdução 2

A Maior Luta É Contravocê 4

Como Eliminar A Procrastinação 8

Pratique Hábitos Diários 13

Metas E Lista De Tarefas 21

Tudo Está Em Sua Cabeça E Coração 25

Pratique Meditação 33

Gesto De Gratidão? E Os Benefícios 40

Maneiras Fáceis De Se Motivar 49

Seja Seu Melhor Amigo 60

Conclusão 65

Parte 2 68

O Que Queres E Porque O Queres? 69

E Por Que É Importante Que Você Possa Responder A Isso!
.... 69

Rota Do Sucesso 80

Ajuda-Te A Ti Mesmo! 83

Comportamentos De Apoio 83

Construindo Hábitos Melhores 93

Primeiros Passos 100

Mudar Sua Auto Imagem Ajudará 107

A Mudar Sua Atitude 107
Quando A Auto Ajuda Se Torna.. 112
Obstáculo Para 112
O Autodomínio 112
Resolvendo Conflitos Internos 116
E Se Tememos O Sucesso? 121
Se Você Acha Que Isso Pode Ser Verdade Para Você, Faça Este Breve Exercício: 121
Recompense-Se !... 128
Pensamentos Finais.. 131

Parte 1

Introdução

Quero te agradecer por adquirir este livro. Aqui você conhecerá etapas e estratégias comprovadas sobre como começar a levar uma vida mais bem-sucedida através da melhora na autodisciplina. Nos dias modernos em que vivemos, todos queremos ser bem sucedidos. Quer estejamos trabalhando em empregos dos quais não gostamos, quer desejamos seguir em frente e melhorar a nós mesmos, ou precisemos perder peso ou alcançar isto, aquilo ou outra coisa.

Ainda, queremos nossa liberdade. Queremos ser capazes de fazer o que queremos. Desejamos fazer isso quando queremos. O som de uma agenda, mais trabalho e muitas restrições, fazem com que a ideia da autodisciplina soe como uma espécie de má ideia.

Mas não é assim. É através da prática da autodisciplina que você desfrutará de uma liberdade diferente de qualquer outra que já sentiu. Você vai descobrir que realmente pode fazer o que quiser e pode ser muito bem-sucedido na vida também.

Você aprenderá a se disciplinar e a sua agenda para ganhar mais tempo para fazer o que quiser e terá mais tempo para fazeraindamais. E não apenas isso, mas este livro mostrará como você pode aumentar sua força de vontade naquilo que precisa para ter sucesso em sua vida.

As pessoas que estão no topo são as pessoas dispostas a trabalhar para isso e, se você vai trabalhar para isso, vai precisar saber como e ainda ter tempo para a vida que você ama. Este livro mostrará tudo o que você precisa saber para aprender a autodisciplina e aumentar sua força de vontade. Então, abra sua mente e prepare-se,pois, você aprenderá uma maneira totalmente nova de abordar o seu dia, não importa no que você queira ter mais sucesso,

Você vai realizar seu sonho e aproveitar o sucesso que está desejando! E então você vai perceber o que é a verdadeira liberdade e isso vai balançar seu mundo.

Obrigado novamente por adquirir este livro. Espero que você goste!

A Maior Luta é ContraVocê

Problemas. Eles estão em toda parte. Podem ser problemas repentinos, como problemas de saúde ou problemas financeiros, questões relacionadas ao trabalho ou um relacionamento fracassado. Você acha que está fazendo tudo certo e tudo o que precisa fazer, mas parece que está tudo desmoronando ao seu redor.

Com certeza, isso não faz muito sentido. Você está fazendo o que quer e tem o parceiro que quer. Você tem o trabalho que quer. Você trabalha, mas pode tirar uma folga quando quiser. Você tem os passatempos que quer e come o que quer. No papel, a vida é muito boa.

Mas não estamos vivendo a vida no papel e você não é verdadeiramente feliz. Ah, claro, você está fazendo coisas que vão medicar sua infelicidade. Você pode beber ou fumar ou ver pessoas que quer ver, ou pode ser "selvagem e livre" e pular de emprego em emprego, o que faz você pensar que é feliz, mas quando se trata da essência da questão, você não está feliz com sua vida.

Há aquela sensação de que algo está faltando, ou que você poderia ser melhor nisso ou fazer melhor aquilo. Você pode querer ter uma aparência diferente ou ter um relacionamento mais gratificante ou ganhar mais dinheiro, mas não importa o quanto você tente, você não está se aproximando desse objetivo.

Assim, por que se preocupar, certo? Quero que você feche os olhos por um minuto e imagine uma estrada escura. Ela é pavimentada e há umas linhas amarelas que pontilham o centro. É uma noite tranquila com a lua e as estrelas e há luzes alinhadas na estrada para que possa enxergar.

Você é o único aqui e está correndo. Você estácorrendo rápida e arduamente. O final está à vista, mas há uma boa distância na sua frente. Você está sem fôlego e se sente cansado. Você quer desistir. Jogar a toalha e ir embora.

"Quem se importa?" Você se pergunta. Então as pequenas vozes dentro de você começam a se encaixar com suas próprias opiniões. "Estou cansado." "É muito difícil." "Isto é incômodo."

Há tantas razões em que você pode pensar que simplesmente drenam a sua motivação. Quanto mais você pensa sobre isso, menos quer realmente terminar e mais quer desistir.

Parece um pouco comas situações com as quais você está lidando na vida, não é? Quero compartilhar com você agora uma citação parafraseada de Will Smith. "Quando você está correndo, há uma pequena pessoa dentro de você dizendo: 'Estou cansado. Meus pulmões estão prestes a explodir. Estou tão dolorido que não consigo continuar'. E você quer parar.

Se você aprender a derrotar essa pessoa enquanto estiver correndo, você aprenderá a não desistir. Mesmo quando as coisas ficarem difíceis em sua vida, você continuará "lutando."

É verdade. Todos temos fases difíceis na vida e a primeira reação a de desistir.

Ouvimos aquela voz dentro de nós nos dizendo que queremos desistir, ir embora e não pensar mais naquilo. Quem se importa com o resultado? Vou ir emboraapenas ... a atitude mais comum para muitas pessoas que estão lidando com fases difíceis.

Mas agora estou dizendo que você tem que aprender a derrotar aquela pequena voz. Aquela voz pode estar perguntando a você quem se importa se terminar ou não a corrida, mas estou dizendo que é você quem se importa se terminar.

 Muitas vezes na vida, nos deparamos com dificuldades e desistimos. Queremos ser bem-sucedidos, mas coisas difíceis acontecem e coisas ruins acontecem e somos os primeiros a levantar nossas mãos para o alto e falar que "ninguém se importa, então por que se incomodar?" Há aquela vozinha dentro de todos nós que está nos dizendo para nos concentrarmos nas coisas erradas da vida. Esta é a voz que alimenta o nosso desejo de ter o nosso próprio caminho o tempo todo, para nos colocarmos em primeiro lugar em todas as situações, e para fazer o que queremos. É a voz que nos diz para quebrar as regras e para não ser limitado por agendas ou por fazer qualquer coisa que não se alinhe com o que queremos fazer. É a voz que diz que, para ser livre, você tem que passar pela vida "olhando para os números

Como Eliminar A Procrastinação

A ciência da procrastinação tem sido objeto de pesquisa por muitos anos. Vários cientistas estudaram para tentar entender melhor esse comportamento e porquê muitas pessoas tendem a adiar certas tarefas. Embora haja muitas explicações lógicas, não há um motivo verdadeiro para a procrastinação. No entanto, com a ajuda de um modelo científico, podemos supor a seguinte teoria para chegar perto de uma explicação viável para a procrastinação.

A teoria é esta; os seres humanos têm muitas seções em seus cérebros, com cada uma servindo a um propósito diferente. A parte conectada com a tomada de decisões racionais é conhecida como o córtex pré-frontal. Esta parte do cérebro toma todas as decisões racionais e ajuda a fazer uma pessoa completar uma tarefa. Entretanto, esta parte não funciona independentemente. Ele recebe ordens de outra parte conhecida como sistema límbico.

Este sistema límbico é a parte mais antiga do cérebro e armazena muitas memórias de piloto automático. Quando o córtex pré-frontal decide um plano de ação, ele consulta o sistema límbico. O sistema límbico fornece um pensamento predeterminado, e o córtex pré-frontal faz com que a pessoa execute esse plano específico de ação

Vamos ver o que esta teoria nos ensina: O córtex pré-frontal é limitado apenas ao que o sistema límbico instrui. O sistema límbico é desenvolvido apenas para humanos enquanto outras criaturas dependem de uma resposta ao estímulo. Embora essa seja também uma característica de seres humanos, muitas vezes, o sistema límbico entra em ação e faz com que uma pessoa não reaja a um estímulo. A única maneira de vencer a procrastinação é alterar o sistema límbico. Essa teoria põe de lado a suposição de que apenas pessoas preguiçosas procrastinam e atrasam suas tarefas. Todo mundo está em risco e não há nada a ver com a fisicalidade de uma pessoa. Para provar mais este ponto, eis um exemplo:

O sistema límbico pode ser programado para procrastinar pelas seguintes razões.

Formação - O sistema límbico começa a se desenvolver em uma idade jovem. A formação de uma pessoa decide se ela se desenvolverá colocando a procrastinação no nível mais alto. Se as crianças têm pais que estão sempre atrasando o seu trabalho, as crianças são obrigadas a desenvolver hábitos semelhantes. Quando jovens, elas não serão capazes de fazer a escolha certa e acabam desenvolvendo o hábito da procrastinação.

Pressão - Os seres humanos podem facilmente ser influenciados. Quando há uma pressão para imitar alguém, torna-se óbvio que adotem maus hábitos. Quando se trata de crianças em uma idade impressionável, elas tendem a ficar sob pressão dos colegas e podem desenvolver o hábito da procrastinação. Ao mesmo tempo, os adultos podem sucumbir à pressão de uma tarefa difícil e desistir de tudo. E quando pressionados por uma situação similar, podem atrasá-la.

Genética - Muitas vezes, o hábito do procrastinar pode ser passado de pai para filho. Pode existir um gene dominante, que pode passar de geração a geração e não pode ser limitado a apenas um dos pais.

Tédio- O tédio pode levar as pessoas a recorrer à procrastinação. As pessoas podem ter o hábito de se entediar facilmente e ser assim em todas as situações da vida. Você pode acabar julgando uma tarefa antes mesmo de dar uma chance justa a ela. Em conjunto com o seu sistema límbico solicitando que você procrastine, você não será capaz de realizar uma tarefafacilmente.

Ego - O Ego é uma situação onde uma pessoa pensa que está acima de algo e realizar uma tarefa está abaixo dela. Tão engraçado quanto parece, isso pode fazer com que muitas pessoas não realizem uma tarefa, o que pode fazer com que pareçam ruins.

Mas isso só estará em suas cabeças e não há nenhuma verdade nisso. Algumas pessoas também podem ser extremamente teimosas e não fazer uma tarefa apenas porque não gostariam de sair de suas posições. Ambas as condições fazem com que pessoas procrastinem tarefas e acreditem que, ao realizar uma determinada tarefa não terão grandes progressos em suas vidas.

Atitude de Recusa - As pessoas podem dispensar determinadas tarefas e assumir que já é tarde demais para fazê-lo. Esse tipo de pensamento pode estar levando as pessoas a procrastinar tarefas.

Estresse/Depressão - O Estressa e a depressão podem também ser causas para a procrastinação. Muitas vezes, algumas pessoas sentem que uma determinada tarefa pode aumentar seu estresse e adiá-la ainda mais. Elas não percebem que a procrastinação da tarefa importante é o que está causando estresse, e não o contrário.

Pratique Hábitos Diários
Agora vamos ver as várias coisas que você pode fazer diariamente, para ajudá-lo no processo de eliminar o hábito de procrastinação. Analise seus hábitos atuais. Comece observando o que faz diariamente. Muitas vezes, seu sistema límbico entra em ação sem que tenha consciência dele. Você deve tentar entender quando esses momentos chegam e anotar isso. Se você não está confiante em analisar todos os seus movimentos, então peça a ajuda de seu amigo ou de um membro da família. Peça-lhes que anotem os horários em que o vêem procrastinar. Pode ser em relação aos seus hábitos de saúde, hábitos profissionais ou sociais. Faça isso por uma semana ou quinze dias para entender e reconhecer um certo padrão em seus hábitos.

Escolha os positivos e os negativos
Quando terminar a tarefa, sente-se e analise as várias listas. Coloque-as lado a lado com sua lista e escolha todos os hábitos comuns. Se houver mais, anote-os também para que seja uma lista abrangente. Você também pode solicitar a ajuda de um amigo para ajudá-lo a fazer uma lista final. Depois de criar uma, classifique seus hábitos de acordo com sua intensidade. Por exemplo, se você está procrastinando o desenvolvimento do hábito de tarefas importantes, dê a ela um posto alto. Da mesma forma, se você está procrastinando o trabalho como limpar o sótão, dê a ele um posto mais baixo. Classifique todos os seus hábitos de acordo e, se puder, atribua números a eles e crietambém uma escala de classificação para usar na medição.
Atribua tarefas diárias a si mesmo
Quando terminar, decida qual tarefa você deseja realizar primeiro. Você deve tentar fazer uma nova tarefa diariamente. Se você não conseguir completá-la em um dia, dê outro dia. Nos primeiros dias, é

ideal que escolha se dar tarefas simples ao invés de algo difícil. Caso contrário, poderá se sentir desencorajado;você pode desistir da tarefa e de todo seu plano de mudar a si mesmo e aos seus hábitos. Comece com uma tarefa que seja também interessante, como limpar o armário e organizá-lo. Uma vez que se adapte à ideia de mudança, você poderá então passar para as tarefas mais difíceis,

Vá passo a passo

A princípio, você pode não ter a direção certa e se perguntar como fazê-lo. Também pode começar uma tarefa e ficar confuso. Para evitar tal situação, você deve adotar um procedimento passo a passo. Você pode escolher uma tarefa e ter um plano passo a passo elaborado para ela. Então siga as etapas para completar a tarefa. Uma vez que o hábito se instala, você será capaz de fazer a tarefa sem ter que fazer uma lista de procedimentos passo a passo.

Faça uma pausa

Você deve fazer pausas de vez em quando. Há dois tipos de pausas que pode fazer. O primeiro tipo de pausa é ao fazer uma tarefa, estabelecendo um pequeno intervalo de 5 minutos para ajudá-lo a se concentrar melhor e limpar a mente. Depois disso, você perceberá que seu entusiasmo aumenta e poderá se concentrar melhor na tarefa. O segundo tipo de pausa trata de se dar um tempo na tentativa de evitar a procrastinação. Se a qualquer momento você sentir que há uma sobrecarga, então você pode parar e fazer uma interrupção por alguns dias.

Se inspire

Você deve se inspirar nas pessoas ao seu redor. Pode ser seus pais, seus mais melhores amigos, ou mesmo seu animal de estimação. Você pode também obter inspiração em um livro ou em um filme. Pode ser alguém que você admira e alguém que é um empreendedor em sua area de negócios. Ao observar essas pessoas, você entenderá a importância de não procrastinar e fará questão de trabalhar em seus hábitos atuais.

Pense sempre nos resultados

Quando você começar, tenha em mente seu objetivo final. Esse objetivo pode ser um ganho pessoal, profissional ou social. Pode ter a ver com você adquirir dinheiro, ganhar mais saúde ou fazer mais amigos. Pode ser qualquer coisa, desde que tenha em mente estar comprometido a fazer grandes progressos.

Simplifique as coisas

Aprenda a simplificar tudo. Mesmo se for uma tarefa extremamente difícil, você pode simplificá-la em algum ponto. Ao simplificar uma tarefa, você será capaz de lidar melhor com ela. Você pode seguir exemplosde tarefas anteriores e entender uma situação e uma tarefa completamente antes de se sentar para simplificá-la.

Continue repetindo "Eu posso fazer"

Para se manter motivado, você poderá reproduzir uma gravação do seu iPod ou de qualquer dispositivo, com os dizeres "Eu posso fazer" ou ouvir um discurso motivacional. Isso não apenas o manterá motivado, mas também o ajudará a concluir uma tarefa mais rapidamente e de uma maneira melhor.

Acompanhamento

Faça sempre um acompanhamento de seu progresso. Se não o fizer, talvez não saiba se está progredindo ou quanto progresso está fazendo. Recomendo que verifique seu progresso semanalmente, pois se for com muita frequência, será difícil avaliar o quanto progrediu.

Suas metas e lista de tarefas

A definição regular de metas é um componente absolutamente vital para o seu sucesso e iremos nos aprofundar no assunto no próximo capítulo. O desenvolvimento pessoal e o material de sucesso mencionarão a importância da definição de metas se deseja realizar seus sonhos. Para obter melhores resultados, eles devem ser escritos duas vezes por dia, logo após acordar de manhã e à noite imediatamente antes de dormir. Escrever uma lista de tarefas não será amplamente abordado, no entanto e sem dúvida, é uma joia escondida que ao meu ver é a chave para ser produtivo e, finalmente, alcançar seus objetivos. Também não exige muito tempo. Demora cerca de 2 minutos no final de cada dia para escrever a lista de afazeres do dia seguinte.

Benefícios

Você provavelmente ouve isso o tempo todo - trace metas - mas você já se perguntou por quê? Eu já e as razões são muitas vezes complexas e difíceis de entender, o mesmo vale para as listas de tarefas. Os especialistas nos dizem para criar listas de tarefas diárias, mas nos dão razões complicadas para isso. Aqui estão três benefícios simples para lhe dar a motivação para realizar ambos diariamente!

A mente sempre produzirá resultados semelhantes ao que nós alimentamos, Lixo dentro = Lixo Fora. E é exatamente isso que acontece quando escrevemos, com caneta e papel, nossos objetivos e lista de tarefas. Não apenas foca nossa mente consciente, mas também a parte subconsciente dela. Em vez de pensar sobre o que assistiu na TV ou sobre o que seus amigos estão fazendo, seu foco

estará nos objetivos que você acabou de pensar e escrever. Trabalhar nos bastidores durante o sono enquanto descansa e elaborar um plano, tornará seus sonhos uma realidade.
Se prepare. Defina. Vá!
Escrever uma lista de tarefas para o dia seguinte, antes de ir para a cama, significa que, quando você acordar, o plano para o dia estará definido e pronto para ser trabalhado. A mente é mais criativa de manhã quando está fresca, por isso parece tolo desperdiçar esse tempo em tarefas não produtivas, como planejar o dia. Além disso, você provavelmente será mais produtivo, já que já decidiu o que precisa ser realizado. A partir do momento em que seus olhos se abrirem, você saberá quantas tarefas estão na lista que você pretende concluir e como você estará se movendo um dia mais próximo de seus objetivos e sonhos!
Motive-se e Inspire-se
A vida sempre lançará desafios em todas as direções da sua vida - trabalho, família, saúde, religião. Como resultado, as metas

e sonhos que você terá serão a última coisa em sua mente, às vezes. Para que você possa superar os tempos difíceis e continuar trabalhando, a motivação que você tem para alcançar seus sonhos precisa ser grande. Quando você teve uma semana difícil e é quinta-feira à noite e acabou de terminar o quarto dia de trabalho seguido e é hora de definir o alarme para 5h30 da sexta-feira - a motivação que você precisa para sair da cama precisa ser grande. É nessa hora que escrever seus objetivos antes de ir dormir e ao acordar ajuda maciçamente. Ele não apenas foca sua mente, mas também lembra por que você começou e o que está se esforçando para alcançar. Todos os começos adiantados, finais tardios e dias nos quais lutou contra o sono valerão a pena.

Metas e Lista de Tarefas
Depois de ler os últimos parágrafos, você provavelmente está pensando que tudo isso parece fantástico, mas a vida tem um jeito de tornar o simples difícil com o

passar do tempo e os obstáculos atrapalhando. Aqui estão 3 dicas realmente úteis para facilitar as tarefas simples de escrever suas metas e listas de tarefas!

Hábito

Motivação fará você começar, o hábito vai fazê-lo permanecer! Adotar hábitos leva tempo, não há maneira de mudar isso, mas uma vez que eles se consolidam, permitem que você realize tarefas no piloto automático com a ajuda da mente subconsciente; ou seja, você não vai mais depender da sua mente consciente para lembrar. Um dia você vai perceber que está realizando as tarefas sem sequer pensar! Leva três semanas escrever seus objetivos e lista de tarefas ao mesmo tempo e no mesmo lugar todos os dias, para que se torne um hábito. Você não pode perder um dia ou as três semanas deverão recomeçar.

Leve Para Todos Os Lugares

Outra dica simples para ajudá-lo a escrever seus objetivos e lista de tarefas todos os dias, é carregar um pequeno caderno ou diário com você para todos os lugares. Se você está fazendo compras, no trabalho, na academia ou está dormindo, se certifique de mantê-lo por perto. Isso não significa apenas que você sempre tem onde escrever seus objetivos e lista de tarefas, mas poderá com isso manter todos os dias diferentes em um só lugar. Isso permite que você veja as listas de dias anteriores e compare com a atual para ver como suas metas mudaram. Além disso, pode verificar se está concluindo a tarefa na lista de tarefas pendentes e não as levando para os dias seguintes. Tomar atitude e completar as coisas é a única maneira de se obter resultados.

Mantendo asimplicidade.

Há somente uma regra quando se trata de escrever seus objetivos e lista de tarefas - mantenha-as simples. Tornando-as complicadas leva à dificuldade de compreensão pela mente, o que aumenta a probabilidade de você se cansar de escrevê-las dia após dia. E como mencionei anteriormente, a consistência é fundamental quando se trata de formar um novo hábito.

O desafio é incluir detalhes para que esteja claro o que precisa ser alcançado. Isso não é tarefa fácil; encontrar o equilíbrio certo entre simplicidade e detalhes. Você saberá que encontrou o equilíbrio certo quando, após 5 dias escrevendo as metas, puder se lembrar delas sem o uso de seu diário e elas descreverem exatamente o que precisa ser feito.

Resumo:Anotar seus objetivos e fazer listas de tarefas diárias é fundamental no caminho para o sucesso. É um outro ritual simples, mas é aquele que irá impulsioná-lo para o sucesso. Se deseja aprender mais sobre metas e seu processo de definição, confira o livro 10 Hábitos de Riqueza e Pessoas de Sucesso de Lisa j Roberts.

Você adivinha qual é o primeiro hábito? Isso mesmo - objetivos! Os benefícios focam a mente consciente e subconsciente no que você quer. Criam um plano para o dia seguinte, fazendo com que você fique pronto para trabalhar. Motivam e inspiram você a superar obstáculos e se empenhar no trabalho.

Como fazer isso: Objetivos e Lista de Tarefas formam um novo hábito para que você execute ambas as tarefas no piloto automático. Mantenha um diário com você em todos os lugares para escrever suas metas, não importa onde você esteja. Mantenha a simplicidade para facilitar a compreensão da mente, tornando mais provável a repetição.

"Planeje seu trabalho e trabalhe em seu plano" - HoultonBuggs

Garanto que desejar e esperar não farão que você fique mais perto de seus objetivos, apenas um plano fará isso. E os resultados apenas acontecerão quando você começar a agir.

Tudo está em Sua Cabeça e Coração

Está em Sua Cabeça

Durante anos, até gerações, foi e às vezes ainda se entende que o sucesso se baseia em um conjunto de determinadas habilidades adquiridas na escola e através da contínua educação. Embora haja verdade nisto, o segredo é que, embora alguém possa ter um bom conjunto de habilidades e uma ótima educação, o verdadeiro sucesso é mais forte em uma paixão transbordante, uma mentalidade correta e genuína positividade.

Você há ouviu a frase: "Nunca deixe o sucesso lhe subir à cabeça e nunca deixe que o fracasso chegue ao seu coração", de ZiadAbdelnour? Faz todo o sentido quando olhamos para os muitos exemplos de pessoas bem-sucedidas, cujo sucesso se tornou um fardo ou motivo para sua queda.

Ao invés de uma entrada na felicidade da realização pessoal e de um processo sustentável de permanecer no topo, ser bem-sucedido os deixou loucos com o medo de serem derrubados do poder ou perder seu reconhecimento para outra pessoa.

Visualizar seus objetivos e objetivos principais é uma maneira de mantê-lo motivado; isso ajuda você a entrar no caminho para formar a realidade ao seu redor, no que você considera ser o resultado ideal para qualquer atividade em que esteja envolvido. O problema é que na maioria dos casos existem fatores desconhecidos e circunstâncias imprevistas que são atraídas por nossas imagens de sucesso.

Nós nos esquecemos de visualizar o que acontece quando chegamos ao topo. Seus amigos ainda serão seus amigos? As recompensas de seu trabalho árduo serão realmente o que você espera que sejam? Você pode descobrir que nem sempre o sucesso significa felicidade.

Assim, realmente tudo começa em sua cabeça. Sua percepção da realidade é diferente quando você tem a mentalidade correta para ver, entender e reconhecer suas habilidades. Pense em você como alguém com habilidades, em vez de pensar que você é hábil em alguma coisa.

Este último fará você acreditar que você não é nada mais do que o que você pode fazer; você será consumido com o conforto do sucesso. O primeiro permitirá

que você se veja como alguém que é mais do que apenas suas habilidades. Em vez disso, você se verá como alguém completo, um amálgama de talento e ser pessoal, em vez de apenas um pequeno quebra-cabeça, uma engrenagem em um motor ou uma ferramenta em um galpão.
Se sua cabeça estiver no lugar certo, sob seus ombros, com um sentido e um julgamento afiados, será difícil que a falha alcance seu coração. Você será capaz de equilibrar suas falhas com suas conquistas. Você vai observar a imagem de seus altos e baixos, e ser capaz de avançar em velocidades diferentes, parando sempre que precisar reavaliar seu progresso e aprender com seus próprios erros. Nossos corações mantêm a custódia de nossos sonhos; é o coração que leva a inspiração a uma mente duvidosa.

Está em Seu coração
Agora estamos dizendo que está em seu coração - parece confuso? Parece um pouco, mas não realmente, dependendo de que tipo de pessoa você seja. Enquanto

algumas pessoas são motivadas principalmente por seus pensamentos e motivadas por um cenário de resultados lógicos, há outras pessoas que mostram o que sentem, pessoas que são sensíveis às suas emoções

Enquanto o coração pode ajudar sua mente a estar focada e encorajada, é a mente que mantém o seu coração nivelado e não tão facilmente distraída pelo que as outras pessoas dizem, o que pensam ou o que fazem.

Você ouve repetidamente por pessoas felizes e bem-sucedidas que o segredo do sucesso é fazer o que você ama. Eles encontraram e cultivaram sua paixão, uma carreira cheia de conquistas e uma vida ao máximo de simplicidade. Não são guiados pela fama, pelo dinheiro ou pelo poder. Eles não perseguem estes como seu objetivo final; essas coisas só aconteceram enquanto trabalhavam em sua paixão.

Persiga seus sonhos e não tenha medo de deixar seu coração mostrar o caminho. Mas não deixe seu coração fazer todo o trabalho! Mantenha um equilíbrio, como mencionado acima em nossos segredos anteriores. Emoções são importantes e uma conexão com elas torna nossa jornada diária muito mais agradável e significativa. Mas não se esqueça de que elas também podem passar dos limites e te arrastar para baixo.

Sabemos quantas pessoas sucumbem a problemas relacionados ao coração, não quero dizer nosso coração de carne e sangue, mas aquela sala interior e sagrada onde nos sentimos livres de julgamentos e preocupações, livres para nos expressar como se o mundo fosse nosso, onde as sementes do sucesso foram semeadas e estão esperando para florescer. Podemos escolher entre ouvir ou nos afastar de seus chamados.

Para manter seu coração equilibrado, existem algumas dicas práticas que podem ajudá-lo a viver um caminho Zen para o sucesso, que o ajudará a encontrar a felicidade em pequenas coisas e a manter-se inspirado durante o dia.

A primeira dica é ter perto de você, em lugares onde você pode vê-los durante o dia, imagens de coisas ou pessoas que te inspiram, que você pode manter com a lista de tarefas. Tire uma foto em suas férias em família ou em um passeio com amigos e coloque-a em sua mesa. Adicione frases motivacionais, pendure-as no seu quarto ou na parede do escritório.

Certifique-se de alterá-los regularmente, moldando seu humor atual em seu coração e mente. Escolha algo com o qual você se sinta pessoalmente conectado, algo que toque você, algo que transmita positividade, tranquilidade e determinação. Pode ser um sinal de sua fé religiosa ou uma citação de seu autor favorito.

Faça uma pausa durante o seu dia, reflita e leia essa citação. Pare sempre que seencontrar em um momento difícil; não se force além dos limites. Em vez disso, recue um passo, relaxe e olhe para a foto, leia essa frase ou mantenha esse símbolo. Encontre a inspiração e volte ao trabalho quando se sentir pronto. Você descobrirá que essas pequenas pausas irão aumentam sua produtividade e ajudam a aliviar problemas aparentemente insuperáveis.

Não guarde tudo para você mesmo em um canto escuro do seu coração. Traga para à luz. Compartilhe seus planos e sonhos com pessoas que você acredita irão valorizá-los e ajudar a reforçar sua motivação e esforço para atingir esses objetivos. É preciso um pouco de confiança e vulnerabilidade momentânea, mas encontrar um bom amigo ou um mentor permitirá que você seja mais responsável por seu progresso, ao mesmo tempo em que serve de estabilidade do lado de fora para sua jornada interior.

Esse confidente pode não ser fácil de ser encontrado. Algumas pessoas vão levar sua confiança e usá-la contra você, mas não deixe que isso te pare ou impeça você para sempre. Entenda que há muitas pessoas diferentes por aí que estão dispostas a fazer parte de sua escalada para o sucesso.

Aprender a cercar-se de uma equipe de apoio e confiança é um talento que é bastante subestimado por muitos. Não tenha medo de escolher os fracos ou aqueles que falharam. Estas são as pessoas que podem surpreendê-lo, pessoas que experimentaram e aprenderam e transmitirão a você conhecimento e experiência que não podem ser comprados ou aprendidos em sala de aula. Você não poderá fazer isso sozinho; o sucesso tem tudo a ver com trabalho em equipe e apoio durante as jornadas interligadas.

Pratique Meditação
Meditação traz sabedoria; falta de mediação deixa a ignorância. Saiba bem o que o leva adiante e o que o retém e escolha o caminho que leva à sabedoria. - Buda
Esta poderia ser uma era um pouco nova para você, mas tudo que eu peço é que você mantenha uma mente aberta. O que vem à mente quando você pensa em meditação? Para muitas pessoas, é um homem careca, sentado em uma

cachoeira, com os olhos fechados e mãos juntas direção ao céu.

Certamente não foi nada disso para mim! Isso mostra como você pode estar errado.

Benefícios- Acredito que todos podem se beneficiar da meditação; Benefícios físicos e mentais.

Físico

Vamos responder à questão ardente de "como ficar quieto com os olhos fechados beneficia você fisicamente?" A primeira coisa que eu observei com a meditação diária é a qualidade melhor do sono. Com você entrando em um estado calmo e pacífico todos os dias, sua mente aprende a desligar quando não é necessário, em vez de ter milhões de pensamentos ao redor.

Torna-se natural para você ter uma mente vazia antes de dormir. Descobri que eu dormia mais rápido e acordava menos vezes durante a noite. A segunda coisa foi uma diminuição da tensão muscular, basicamente menos dores e sofrimentos.

Pode ser porque no período de meditação você não está se concentrando tanto nas dores e nas dores. Qualquer que seja a razão, não somente proporciona o descanso da mente, mas também do corpo. Algumas pessoas relataram a lista de benefícios abaixo, mas isso não me afetou, pois não sofro de nenhuma delas.

Eu notei uma diminuição da frequência cardíaca durante o período de meditação, que continuou por cerca de 15 minutos depois. Baixa pressão arterial, níveis mais baixos de lactato no sangue, reduzindo os ataques de ansiedade e melhorando o sistema imunológico.

Mental

De longe, os maiores benefícios que você receberá da meditação diária são os da mente. O primeiro e de longe o melhor para mim, é ganhar clareza e paz de espírito. Eu tenho uma tendência a pensar demais em tudo, então eu sempre tenho pensamentos e ideias destruindo os momentos "quietos". A meditação traz uma quietude pela qual serei eternamente grato.

Se você não é um pensador exagerado, isso provavelmente não será grande coisa para ajudá-lo a entender, imagine tentando atravessar uma estrada movimentada com carros passando por você a 90 Km/h. Agora imagine a mesma rodovia sem carros, muito mais fácil de atravessar certo?

Outro grande benefício é que seus problemas se tornam menores à medida que você ganha um senso de perspectiva. As coisas que você julgava serem grandes, de repente, ficarão cada vez menores até que você se pergunte por que estava dando a elas tanto da sua energia. A maneira que melhor descreve é com carros outra vez!

Imagine estar parado ao lado da estrada e vendo os carros passarem. De repente, você está assistindo de cima e pode ver a si mesmo, a estrada e os carros. E é exatamente isso que acontece com seus problemas, você os vê de um novo ponto de vista.

Como meditar

Desenvolver um ritual de meditação é como os rituais anteriores, pois soam simples e, no entanto, não é fácil colocá-los em sua agenda ocupada. Se você é novo na meditação, é melhor começar com alguém te guiando, pois começar pode ser um pouco demais.

Por exemplo, que hora do dia é a melhor? Quanto tempo deve você praticar? Você deve escutar música? Sobre o que você deve pensar?

Isto é porque gostaria de recomendar o surpreendente do app Headspace. O aplicativo irá guiá-lo através de toda a meditação do início ao fim, além do mais, eles te dão as 10 primeiras meditações de graça, o que é suficiente para ter uma ideia do que você pode fazer.

Se você optar por continuar após o período de teste gratuito, há uma assinatura que pode ser paga mensal ou anualmente. Eu gosto porque, eles acalmam você lentamente com 10 minutos de meditação diária. Se você pretende implementar uma nova disciplina em sua vida e não consegue encontrar 10 minutos, precisa se perguntar: você realmente deseja fazer isso?

Pronto, prepare, já

Se o Headspace não for para você, isso não será um problema, você mesmo poderá fazer. Encontre um espaço tranquilo onde você não será perturbado, para que possa se concentrar na tarefa em mãos. Não precisa ser grande e exótico, apenas privado. Certifique-se de que todas as TVs, telefones e outros aparelhos barulhentos não emitam sons. Dito isto, o espaço de meditação não precisa ser completamente silencioso.

Uma coisa que é negligenciada frequentemente é a roupa confortável... Isso não é essencial, entretanto irá ajudá-lo a relaxar. Em seguida, você precisará se decidir onde se sentar. Pode ser no chão, numa cadeira ou numa almofada. Não importa, desde que seja no mesmo lugar a cada vez - você criará um hábito mais rápido assim!

Depois, há a música, ouço batidas binaurais, mas você pode ouvir qualquer música que preferir, apenas para se certificar de que ela é relaxante. Por fim, defina um alarme em seu telefone por quanto tempo você deseja meditar, assim você não precisará ficar de olho no relógio.

Já -Agora você está em posição e pronto para começar, sente-se parado com as mãos colocadas confortavelmente no seu colo. Observe o ambiente e o momento presente, absorva tudo. Comece a se concentrar em sua respiração, tome a mesma quantidade de tempo para inspirar e exale.

Lentamente, feche os olhos enquanto se concentra na respiração. Depois de alguns momentos, limpe sua mente para que fique em branco, o que é mais fácil dizer do que fazer. Com sua mente limpa, a parte mais difícil é manter isso claro. Os pensamentos vão entrar na mente, é natural.

Quando você perceber que está pensando em algo, limpe a mente novamente. Mantenha fazer isto até que seus sons do alarme, que no ponto você abrirá lentamente seus Continue fazendo isso até que seu alarme soe e nesse momento abra os olhos lentamente, desligue a música e então entre no caos da realidade.

Sumário

Levei um tempo para me aproximar da meditação, mas agora nunca mais olharei para trás. Ela é provavelmente um dos rituais mais incomuns, no entanto, proporciona benefícios físicos e mentais únicos que você obterá enormes recompensas e o ajudará a se tornar uma pessoa mais equilibrada. Eu recomendo fortemente que dê uma chance à meditação.

Gesto de Gratidão? E Os Benefícios

Acredito que muitas pessoas já fizeram esta pergunta

"Qual é o gesto de gratidão?", "Um gesto de gratidão pode mudar minha vida?" "Quais são os benefícios que posso obter através de um hábito de gratidão?"

Bem, isso pode começar com a falta das coisas óbvias que são bonitas em sua vida e ser pego em problemas negativos bobos.

Você já se viu reclamando? Ou você se viu vendo coisas negativas em seu ambiente ou em sua vida? Ou você notou que, às vezes, sem motivo real, acordou com o pé esquerdo?

Hmm... Se sua resposta for sim, talvez você esteja perdendo algo muito essencial em sua vida, algo que, quando aplica e desenvolve, pode mudar drasticamente sua vida. Sim, garanto que mudará a maneira como você pensa, mudará a forma como você percebe as circunstâncias em sua vida e, especialmente, mudará sua perspectiva e lhe dará mais entusiasmo felicidade.

Aqui está o segredo: "Um gesto de Gratidão". Isso pode mudar drasticamente sua vida. Sim, "Um gesto de gratidão" pode fazer muitas mudanças em sua vida. Vamos começar explicando e respondendo a pergunta "o que é uma atitude de gratidão? "Vamos começar com explicação e responder à pergunta o que é um gesto de gratidão? Para mim, Gesto de Gratidão é simplesmente ver a beleza e agradecer por tudo em sua vida neste momento.

É sobre ser grato, mesmo por estar agradecido ´por uma pequena coisa pela qual pode estar agradecido agora. Pode ser pela comida que você tem na geladeira, o computador que você está usando agora, ou a internet que você tem, ou mesmo o xampu e sabonete que você usa durante o banho.

A gratidão abrange até mesmo a menor coisa, o menor ato, o menor serviço, e ainda ser agradecido por tudo isso. "Obrigados" estão em toda a parte. Até mesmo um pequeno "obrigado" para a pessoa que lhe serve no restaurante ou dizer "obrigado" ao motorista de ônibus que dirigiu no seu caminho para o trabalho, pode realmente causar um grande impacto não apenas no seu dia, mas também sobre a vida daqueles a quem você deu seus doces "obrigados".

Isso é "gesto de gratidão". Neste capítulo, vou apresentar os benefícios de uma atitude de gratidão em nossas vidas.

Aqui estão os 3 Benefícios de um Gesto de Gratidão Em Nossas Vidas.

1. Gratidão pode fazer você feliz imediatamente

Sim, "imediatamente". É como um macarrão instantâneo. Você quer uma prova? Tudo bem... Então, vamos fazer uma experiência. Pegue seu caderno e liste as "10 coisas" pelas quais você é grato agora. Você pode escrever "qualquer coisa", quero dizer, "qualquer coisa" que você possa pensar.

Faça isso agora, e pare de ler isto por um momento. Te darei um momento para fazer isso.

Tudo bem, acredito que agora acabou de fazer nosso exercício acima. Como você se sentiu? Ou devo perguntar: "o que você sente agora?" Você sente feliz agora? Sim. Eu te disse.

Talvez você não queira parar de escrever na 10ª coisa ou até mesmo superar as 10 coisas e pode ter escrito mais de 20 coisas em sua lista de gratidão.

Tudo bem, continue, e veja o efeito maravilhoso de uma "atitude de gratidão" em sua vida. :) Você está mais animado agora? E se fizer isso todos os dias?

E se fizer isso 365 dias no ano? Você pode ver todo o efeito disso em sua vida. Você ficará muito mais feliz, muito mais calmo e sentirá um senso de propósito em sua vida. Você está agora mais positivo do que nunca. Esse é o poder da gratidão.

Como William Arthur Ward coloca: "A gratidão pode transformar dias comuns em ações de graças, transformar tarefas rotineiras em alegria e transformar oportunidades comuns em bênçãos". Então, amigo, seja sempre grato por tudo que você tem. Quanto mais você disser "obrigado", mais feliz você será.

2.Gratidão pode te deixar saudável

Sim, uma atitude de gratidão pode realmente fazê-lo mais saudável. Muitos tipos de pesquisas e estudos provaram que um hábito de gratidão pode tornar a pessoa mais saudável.

Aqui está a prova: Houve um estudo realizado por Robert A. Emmons, Ph.D., da Universidade da Califórnia e Mike McCullough na Universidade de Miami, onde os grupos dos participantes foram divididos em três.

A cada grupo foi dado tarefas diferentes. O primeiro grupo foi designado para manter um diário daquelas coisas pelas quais eles eram gratos na última semana. O segundo grupo foi designado a fazer exatamente o oposto do primeiro grupo, ou seja, anotar as dificuldades que tiveram na semana anterior. Por fim, o terceiro grupo foi designado a manter um diário sobre o que os afetou na semana anterior, fosse positivo ou negativo.

E sabe qual foi o resultado? Após 10 semanas de experiência, o grupo que manteve os diários de gratidão estava se sentindo muito melhor sobre a vida como um todo e estava 20% mais feliz do que aqueles que mantinham um diário focado nas dificuldades que tiveram nas últimas semanas.

O estudo mostra também que as pessoas do grupo de gratidão relataram menos queixas de saúde e se exercitaram uma média de 1,5 horas a mais. Isso é surpreendente, não é? Isso mostra o quanto a gratidão é poderosa ... mas não termina aí.

Um estudo posterior de Emmons constatou que os mesmos participantes, em vez de terem um diário de gratidão por semana, foram designados para manter um diário de gratidão "diariamente". E qual é o impacto desta experiência? Os participantes do grupo de gratidão tornaram-se mais simpáticos em relação aos outros. Eles agora se tornaram mais gentis e oferecem apoio emocional aos outros e os ajudam nos problemas pessoais. Não são apenas esses os benefícios da gratidão em nossas vidas.

Muitos estudos têm mostrado que ter um hábito de gratidão pode fazer alguém dormir mais horas a cada noite e se sentir muito mais renovado ao acordar. Além disso, aqueles que mantêm diários de gratidão todos os dias sentem que sentem mais satisfação na vida como um todo, se sentem mais positivos e otimistas na próxima semana e se conectam consideravelmente com os outros de uma maneira totalmente nova.

Portanto, mantenha um diário de agradecimento todos os dias, a melhor hora para isso é de manhã, para que seus pensamentos se movam na direção da positividade e da gratidão. Lembre-se sempre, amigo, "quando você começar o dia corretamente, todo o seu dia será brilhante". Então comece seu dia com gratidão, e você verá o belo efeito disso para o resto do seu dia.

3. Gratitudão Atrai As Coisas Que Você Quer e Deseja

Sim, Lei da Atração, é isso. Você já observou como a lei da atração se manifesta em sua vida? Você já usou esta lei antes? Você percebeu que ela está se manifestando em sua vida? Sim ..., mas espere, é importante dizer que ela se manifesta dependendo dos pensamentos que você está enviando para o universo. Essa vibração que você envia pode ser positiva ou negativa. E quanto ao resultado? Ele é também positivo ou negativo.

Você sabia que quando você está sendo grato e agradecido por tudo que tem, já está enviando vibrações positivas para o universo e assim estará dizendo que está preparado para receber mais em sua vida? Pratique "conversa Interior Positiva" sobre si mesmo - onde quer que esteja, você estará sempre falando consigo mesmo através de sua mente. Por isso, sempre diga algo que aumente sua confiança, que motive você e que lhe dê energia, como "Você é linda / bonita". "Você é Fantástico." "Ótimo trabalho, você acertou."

Fique com pessoas positivas - Eu sempre encorajo a todos a estarem com pessoas positivas, aquelas que estão sempre ajudando você, sempre cuidando de você, sempre te orientando e sempre te apoiando. Permaneça com pessoas positivas.

Você pode encontrá-las em sua igreja, ou pode se associar a um clube relacionado a seu lazer ou paixão, ou pode se juntar a uma comunidade online que está lá para encorajá-lo e motivá-lo. Mais uma vez, essas são as minhas três listas principais e benefícios de uma atitude de gratidão. Novamente, para uma recapitulação, aqui

estão os 3 benefícios de uma Atitude de Gratidão.
1. Gratidão pode fazer você feliz imediatamente
2. Gratidão pode te deixar saudável
3. Gratidão Atrai As Coisas Que Você Quer e Deseja

Lá vai você, já respondemos as perguntas acima "o que é uma atitude de gratidão" e "quais são os benefícios da gratidão em nossas vidas". E acredito que você já aprendeu muitas ideias sobre os benefícios da gratidão.

Maneiras Fáceis de Se Motivar

Motivação...
este é um dos veículos em movimento para alcançar nossos sonhos e objetivos na vida. E todos querem saber como se motivar na vida. Em alguns casos, queremos alcançar nossos sonhos em um instante como se fosse uma mágica. Na vida, às vezes queremos um atalho. Às vezes, não queremos nos disciplinar para

fazer o que realmente nos faz felizes - alcançar nossos objetivos. É aí que entra a motivação.

Como manter-se motivado na vida todos os dias é uma das perguntas que a maioria das pessoas faz. E é sobre isso que vamos falar neste capítulo - "como se motivar na vida todos os dias".

Então vamos lá, junte-se a mim nessa jornada chamada "vida" .. e vamos ver como nos motivar a cada dia do ano. Mas antes de começarmos, vamos começar esta jornada com as belas citações de ZigZiglar. Ele disse uma vez: "As pessoas costumam dizer que a motivação não dura. Bem, nem banho - é por isso que recomendamos diariamente. "

Aqui estão as 4 maneiras simples de como ficar motivado na vida ...

1. Como abordei em um capítulo anterior - Escreva, Reescreva e leia seus objetivos todos os dias. Há poder de escrever, reescrever e ler seus objetivos todos os dias. Brian Tracy, um dos melhores gurus em definição de metas, nos aconselha a

escrever e reescrever nossas metas todos os dias.

Aqui está a técnica: Anote todos os seus 10 objetivos mais importantes sem consultar sua lista anterior e faça isso dia após dia. Coisas grandes acontecerão notavelmente quando você fizer isso. No primeiro dia, escreva seus 10 objetivos principais. E no segundo dia, você ainda escreve seus 10 objetivos principais, mas sem se referir aos que escreveu no primeiro dia.

Você perceberá que seus objetivos variam de maneira diferente do que escreve a cada dia. Fazendo isso todos os dias durante 30 dias, você notará que depois de 30 dias, você já escreveu seus 10 principais objetivos - as coisas que você "realmente" quer. Sua mente agora está mais afiada e focada nos 10 principais objetivos que você escreveu. Ok, há uma regra sobre essa meta escrita.

Você deve lembrar 3 P's ao fazer isso - Presente, Positivo e Pessoal. Sua mente subconsciente é ativada por afirmações afirmativas formuladas no tempo presente. Portanto, anote suas metas como se você já as tivesse alcançado. Em vez de dizer: "Eu vou ganhar US $ 200.000 nos próximos 12 meses", você diria: "Eu ganho US $ 200.000 por ano".

Também, seus objetivos devem ser positivos. Em vez de dizer: "Eu não vou mais fumar" ou "Eu vou perder 10 quilos", você diria, "Eu sou um não-fumante", ou "Eu peso 68 quilos". Seu comando deve ser positivo para que sua mente subconsciente se concentre nessa direção positiva.

E por último, o último P é pessoal. Seu objetivo deve ser escrito como "Eu" afirmação seguida por um verbo (ação). Você é a única pessoa no universo que pode usar a palavra "eu" em relação a si mesmo.

Quando sua mente subconsciente recebe seu comando com a declaração "eu", é como se ela começasse a processar sua solicitação imediatamente para trazer essa meta à realidade. Então, sempre comece seus objetivos com um "eu" afirmação, como "eu possuo ..", "eu ganho ..", "eu dirijo ..", ou "eu peso .." e assim por diante. Além disso, para adicionar poder e clareza às suas metas diárias, adicione um prazo e o relacione aos seus objetivos. Torne isso específico.

No exemplo que você quer ganhar US $ 200.000 por ano, defina um prazo para que fique como esta afirmação: "eu ganho US $ 200.000 por ano em dezembro de 2XXX". Sua mente gosta de um prazo porque isso reforça que faça algo antes desse tempo específico.

Então, torne isso mais específico, de modo que ele possa impulsioná-lo a atingir suas metas mais rapidamente ou antes do horário programado. Assim, aqui estão os 3 P's que você precisa lembrar todos os dias ao escrever um objetivo e estar motivado - eles devem ser "Presente, Positivo e Pessoal". Então, novamente, amigo, lembre-se de estar motivado todos os dias, escrever, reescrever e ler seus objetivos todos os dias.

2. Assista Vídeos Motivacionais

Quer ficar motivado? Então assista a vídeos motivacionais. Essa é também uma das chaves que usei quando comecei meu negócio há alguns anos. Todos os dias, eu precisava estar com a motivação em alta. Houve momentos em que eu realmente não senti vontade de fazer essas coisas ... fazendo isso ... lendo essas coisas ... observando isso.

Mas para que eu realmente me motivasse - eu me conectava e assistia vídeos motivacionais no Youtube. Isso funcionava como uma faísca para eu fazer algo imediatamente ... como em "agora".

Assistir a vídeos motivacionais todos os dias me ajudava a ter a perspectiva certa, persistência para continuar com meus sonhos e objetivos, dar o entusiasmo para eu seguir em frente e motivação para começar de novo. Então, amigo, todos os dias dê a si mesmo uma faísca para fazer o que você quer alcançar na vida, fazendo questão de assistir a vídeos motivacionais todos os dias.

3. Leia Citações Motivadoras e Inspiradoras.

Adoro ler citações de pessoas de sucesso, como atletas, empresários, palestrantes e muitos outros. Isso me fornece alimento instantâneo à mente que é encorajador, motivador e inspirador. Na verdade, eu as tenho penduradas às paredes de nossa casa, citações de Tony Robbins, Eric Thomas, Jim Rohn, Brian Tracy, Jack Canfield e Stephen Covey. Aqui estão alguns exemplos de citações com imagens, que estão anexadas em minhas paredes:

"Se você quer passar para um novo nível em sua vida, você deve romper sua zona de conforto e praticar fazer coisas que não são confortáveis." - T. HarvEker

"Você nunca vai mudar sua vida até mudar algo que faz diariamente". O segredo de seu sucesso é encontrado em sua rotina diária. - John C. Maxwell

"Se você quiser ter mais, você tem que se tornar mais". Para que as coisas mudem, você tem que mudar. Para que as coisas comecem a ser melhores, você tem que tornar-se melhor. Se você melhorar, tudo melhorará para você. Se você crescer, seu dinheiro crescerá; seus relacionamentos, sua saúde, seus negócios e todos os efeitos externos espelharão esse crescimento em igual correlação". - Jim Rohn

Essas são apenas as três citações que anexei em minhas paredes. E eu sempre as vejo todos os dias. E o mais importante, eu as leio.

Toda vez que eu as leio, isso ajuda a redirecionar minha mente a uma nova direção, ajuda a avançar na direção dos meus objetivos, me motiva mais a continuar e alcançar meus sonhos. Se desejar estar motivado todos os dias, você pode baixar um aplicativo (app) em seu smartphone como os "Segredos do Sucesso", de Dale Carnegie.

Ou também você poderá pesquisar na internet sobre citações motivacionais. Apenas certifique-se de que você tem algo motivacional ou inspirador para ler antes de continuar o seu dia.

Esta é uma abordagem muito eficaz para começar o seu dia, pois irá ajustá-lo a um clima mais positivo e, portanto, você terá uma direção positiva para o resto do dia. Então, novamente, se você quer se motivar rapidamente, leia citações motivacionais e inspiradoras de pessoas de sucesso.

Mesmo que faça isso de 2 a 3 minutos todas as manhãs, isso terá um grande impacto na sua tranquilidade, felicidade e atitude positiva pelo resto do dia.

4. Comece, comece a se mover - "Faça"

Atitude Realmente, se você quer ficar motivado na vida, e você não quer que a procrastinação bloqueie o seu caminho, então "comece", apenas comece a se mover.

Sim, você já leu isso. Basta começar a fazer as coisas que você precisa fazer, mas sem procrastinar. Você não sente vontade de fazer isso? Então "comece" a fazer.

Talvez você esteja cansado ou não esteja de bom humor? Então faça.

Você está com receio de fazer? "Apenas faça".

Sinta o medo e faça de qualquer maneira. A chave aqui é a apenas fazer. Como ZigZiglar disse: "Vale a pena fazer qualquer coisa que valha a pena fazer - até que você possa aprender a fazê-lo bem".

G.K. Chesterson também disse uma vez: "Se uma coisa vale a pena, vale a pena fazer seriamente".

Bem, se há algo que você está procrastinando na vida, comece aos poucos, passo a passo, uma etapa de cada vez. Ou se há algo que você tem medo de fazer, empurre-se para frente e faça.

Como disse Alfred Armand Montapert: "Comece e você estará no meio do caminho".

A "palavra chave" importante é "começar". Se você quer se motivar, comece a fazê-lo devagar a princípio, até chegar ao "fluxo" em você. E então você perceberá que está novamente em sua paixão, seu sangue está começando a fluir novamente, sua energia está aumentando novamente e seu entusiasmo está voltando novamente. Isso acontece porque você começou. Você começou a fazê-lo. Esse é o segredo, "Faça".

Faça. Faça. Faça. "AGORA".

Esse é o segredo. "Faça agora." Uma das minhas afirmações favoritas de motivação para fazer alguma coisa vem do livro de

OgMandino "O Maior Vendedor do Mundo", capítulo 16. E incluí uma parte do capítulo 16 abaixo.

Eu recomendo que marque esta página, e quando estiver sozinho, leia-a alto. "Eu agirei agora. Eu agirei agora. Eu agirei agora. A partir de agora, repetirei essas palavras, repetidas vezes, a cada hora, todos os dias, até que as palavras se tornem um hábito, pois minha respiração e as ações que se seguem se tornarão tão instintivas quanto o piscar das minhas pálpebras. Com essas palavras, posso condicionar minha mente a enfrentar todos os desafios Com essas palavras, posso condicionar minha mente a enfrentar todos os desafios Então, novamente, se quiser se motivar, então comece, comece a se mexer, e "FAÇA" e "AJA" Lá vamos nós, já aprendemos as 4 maneiras simples de como se motivar na vida.

Novamente, para uma recapitulação, aqui estão as 4 técnicas simples sobre como se manter motivado na vida. Escreva, reescreva, e leia seus objetivos diários

Assista Vídeos Motivadores
3.Leia Citações Motivadoras e Inspiracionais.

Comece, comece a se mover - Atitude "Faça" E antes de terminar este capítulo, gostaria de compartilhar com você uma citação muito bonita de
Tony Robbins, ele disse: "A qualquer momento, a decisão que você toma pode mudar o curso da sua vida para sempre". Amigo, Todos os dias você tem uma decisão a tomar - "vou agir hoje ou não?" Comece motivado. Comece inspirado. Atue. Todos os Dias, Você Sempre Tem uma Escolha. "Escolha a Vida".

Seja Seu Melhor Amigo

Você já percebeu como pode reconhecer talentos, ver facilmente o lado positivo de um fracasso ou ver todos os aspectos positivos na vida de outra pessoa? É fácil encorajar nossos amigos quando eles parecem problemáticos e dar conselhos a eles de bom grado, às vezes até quando não pedem.

Enquanto estamos felizes em fazer isso pelos outros, quando se trata de nós mesmos, somos o nosso pior inimigo.

Nós nunca colocaríamos nossos melhores amigos para baixo, então por que nós constantemente fazemos isso para nós mesmos?

Pense sobre isso: O que você diz para si mesmo quando comete um erro?

Como você se sente quando se esquece de fazer alguma coisa?

O que você pensa de si mesmo quando está cansado?

Eu posso apostar que na maioria desses casos você se pune e se coloca para baixo.

Embora você nem perceba, a verdade é que a crítica de si mesmo é o pensamento mais prejudicial que você poderia ter. É uma faca de dois gumes que afasta a sua motivação para ser melhor.

Comece a se ver na terceira pessoa. Vá na frente de um espelho, olhe para si mesmo e diga em voz alta o que você ama em si mesmo. São seus olhos? Ou é sua bondade? Além disso, comece um diário de tudo que você sente, suas experiências, momentos felizes e dificuldades. Analise-o como se estivesse lendo um diário de outra pessoa e escreva um conselho que você daria a um amigo.

Isso pode ser feito não dividindo sua personalidade, mas mantendo alguma distância de sua própria sequência de eventos e vendo-a sob uma perspectiva geral. Vá a um café, caminhe até um parque que você nunca visitou ou faça um passeio sozinho e reflita. Você pode criar uma imagem de si mesmo com base não apenas no que sabe sobre si mesmo, mas em imagens de quem você gostaria de ser. Mude sua própria percepção de si mesmo e acredite que você pode ser e conseguir mais do que você tem até agora.

Analise suas falhas, aprenda com delas, e então siga em frente. Mantenha vivas as memórias de suas vitórias. Veja os fracassos como oportunidades de aprendizado e passos necessários que acabarão levando ao seu sucesso.

Reconheça que, sem falhar, o sucesso que você busca é uma miragem. Então, através da derrota, aprenda, foque e continue sorrindo através da coisa toda. Não se veja como alguém que é um fracasso, mas como alguém que está tentando e chegará lá.

Quando você está motivado, sua mentalidade muda. A maneira como olha para retrocessos não será como uma derrota, mas com uma mentalidade que vê a batalha perdida, mas certamente não a guerra.

Não se intitule como uma vítima. Cumprimente cada dia com entusiasmo e fervor. Pese as escolhas com sabedoria, corra riscos e aceite as circunstâncias. Se você quiser tentar algo fora do comum, alcançar algo além do esperado, tenha orgulho e faça isso com uma chave de ouro.

Se você falhar em algum ponto, aceite isso como parte de sua própria liberdade e como parte de seu próprio processo, não por causa de suas escolhas ou de outra pessoa. Não se culpe, na verdade, não culpe ninguém. Apenas mantenha a cabeça erguida, levante-se e tente sempre de novo e de novo. Não pare. No final, você vai chegar lá.

Dê tempo para si mesmo e não se preocupe em se sentir egoísta. Use algumas horas fora da agenda lotada ou adie algo para estar com você mesmo. Aprecie sua própria presença!

Programe algumas horas para cuidar de si e desfrutar de todos os tipos de conforto e atenção, seja fazendo uma massagem ou se deliciando com sua comida favorita. Esses dias vão mantê-lo motivado, porque eles têm tudo a ver com você. Você é, acima de tudo, seu melhor amigo. Se você não se ama, quem o fará?

Conclusão

O sucesso de uma pessoa na vida depende de sua habilidade de controlar seu estado. Se eles se permitirem ser controlados e tornarem-se escravos, seus sentimentos, humor e níveis de motivação, lutarão para conseguir muito na vida.
O sucesso está em proporção direta ao serviço que se dá à sociedade. As recompensas que alguém recebe na vida são proporcionais ao valor que elas criam para os outros. Em outras palavras, você precisa fazer coisas! Você precisa fazer as coisas e ser produtivo. Se você é escravo do seu estado, frequentemente achará isso incrivelmente difícil de fazer. Como tal, o sucesso depende muito da sua capacidade de gerenciar seu estado. Existem três componentes para indicar o estado: Fisiologia, foco e conversa consigo mesmo.
Assuma o controle do seu estado, agindo como se você já estivesse se sentindo como você deseja sentir. Aja como se você estivesse cheio de energia e estivesse

supermotivado. Saia para uma corrida, ouça um pouco de rock, faça algumas poses de poder. Antes que você perceba, seu subconsciente terá ajustado sua fisiologia para combinar como você está agindo. Os hormônios e produtos químicos corporais serão liberados para deixá-lo motivado e cheio de energia, prontos para realizar um trabalho sério e se aproximar de seus objetivos.

Não perca tempo concentrando-se naquilo que está fora de seu controle. Além de desperdiçar seu tempo, você estará se desencorajando e se colocando em um estado negativo. Em vez disso, concentre-se naquilo que você pode controlar e agir em relação aos seus objetivos.

Finalmente, mude a maneira com que fala consigo. Em vez de ter o diálogo interno na parte de trás de sua cabeça trabalhando para derrubá-lo e desencorajá-lo a agir em direção ao sucesso, vire-o em vantagem e use-o para capacitá-lo. Use-o para lançar você a um estado positivo.

Combine estes três componentes: Fisiologia, foco e conversa consigo mesmo. Exerça o controle sobre eles e você influenciará diretamente seu estado. Ao influenciar diretamente o seu estado, você será capaz de reunir a emoção, energia e motivação para se tornar uma máquina de produtividade e fazer tudo o que desejar.

Liberte-se dos caprichos do momento, tomando o controle do seu estado de espírito.

Conquiste-se e você conquistará o mundo.

Parte 2

O que Queres e Porque o Queres?
E por que é importante que você possa responder a isso!

Então, queres mudar. O que exatamente você quer mudar e por quê? Você provavelmente já sabe muito sobre a definição de metas e a importância de ter metas claramente definidas que são SMART (geralmente uma variação de Específico, Mensurável, Alcançável, Relevante e Temporizado).

Você é uma daquelas pessoas que salta essa parte sobre a definição de metas? Talvez você saiba a direção da viagem e ache que não precisa desse nível de especificidade. Provavelmente, você também sabe como delinear as tarefas que compõem a meta. Talvez você até mesmo seja pego em qual é o objetivo e qual é a tarefa e qual é a diferença até que realmente não possa ser incomodado de qualquer maneira! Eu tenho um palpite de que você não gasta muito tempo focando nas especificidades do seu objetivo e como você planeja chegar lá, porque se o fizesse provavelmente você teria alcançado o que queria e não estaria lendo isso.

Aqui está um exercício de dez segundos: Vá e pegue uma caneta e papel. Agora!

Então...estás aí sentado com uma caneta na mão? Se sim, ótimo. Mas se você nem sequer pegou a caneta e o papel? Vamos ver o que está acontecendo. Você está planejando aprender alguma coisa e aplicá-la? Ou você está planejando ler outro livro de autoajuda como uma maneira de dizer a si mesmo que você está tentando mudar enquanto na verdade não faz nada? Pergunte a si mesmo: Por que eu não fiz aquela coisa simples de pegar uma caneta e papel? Enquanto estou nisso, por que em geral eu não faço os exercícios desses tipos de livros?

Tenho certeza de que há muitas respostas diferentes, que a experiência me diz que pode incluir o seguinte:

- Estou planejando ler primeiro e fazer os exercícios depois!
- Não posso ser incomodado!

- Eu faço os exercícios na minha mente, apenas não os escrevo. O que há de errado nisso?
- Ah, já ouvi tudo antes, não volto a fazê-lo!

Qualquer que seja a resposta verifique consigo mesmo:

Essa é a atitude de alguém que está prestes a fazeracontecer? Realizar seus sonhos? (inserir nome de qualquer pessoa bem sucedida em qualquer campo) adotou este tipo de abordagem para cumprir seus objetivos? Como é que esta atitude demonstra a sua vontade de abandonar o que o mantém preso, tolerar o desconforto e agir? Exatamente, não.

Espero que o meu ponto de vista seja considerado e agora você realmente pegue uma caneta e um papel. É tão fácil ler livros como este e não fazer os exercícios, por isso temoter de ser bastante rigoroso neste ponto. Vou apenas reiterá-lo:

SE VOCÊ NÃO SEGUIR A ORIENTAÇÃO, NÃO GANHARÁ NADA COM A LEITURA DESTE LIVRO.

Depois de ter explicado isso, se você continuar a não seguir a orientação, você pode ter algum trabalho a fazer para descobrir por que você está investindo em ficar preso. A boa notícia é que as formas como nos sabotamos - e como parar - são abordadas em pormenores mais tarde.

Portanto, estamos de acordo: Ter um objetivo claramente definido é importante. Não nos deixemos levar pela distinção entre objetivos/tarefas, mas apenas saibamos que o importante é ser claro sobre seu objetivo e também como você vai chegar lá (outra maneira de dizer tarefas).

Você pode dizer, meu objetivo é perder 10 quilos até a Páscoa. Eu sei disso, eu sei para onde estou indo, eu realmente não preciso dividir isso em porquês e como. Claro, é como saber para onde queres ir (digamos o topo da montanha), mas não saber o caminho que vais seguir. Cabeça para cima, certo? Tudo bem, até chegar a um ponto de escolha. Os pontos de escolha são momentos críticos onde você tem que decidir de uma forma ou de outra. Se já tivesses traçado a tua rota, isto seria fácil, saberias que precisas de ir para a esquerda, onde o caminho é forquilhado pela árvore caída. Não haveria reclamações ou paradasmuito menos deliberações sobre qual caminho seguir.

Isto é o mesmo que definir metas sem saber como você vai chegar lá. Você está planejando perder 10 quilos até a Páscoa e é o aniversário de sua amiga e ela trouxe bolo para o escritório. Agora você está em um momento crítico, e você não tem um plano. Você apenas sabe vagamente que está tentando ser bom. Mas você ainda não decidiu o que realmente significa ser "bom". Ou quão bom é bom? Posso me safar com um pedaço de bolo e ainda perder 10 quilos na Páscoa? Sim, provavelmente. Vá em frente então. Soa familiar?

Vamos imaginar que você tem um plano - um mapa de como você vai chegar ao seu objetivo. Um plano simples pode ser, por exemplo:

✓ Sem açúcar refinado de segunda a sexta-feira.

- ✓ Sem álcool, exceto no sábado à noite.
- ✓ Exercício de trinta minutos na segunda-feira, quarta-feira e sexta-feira.

Agora, quando confrontado com o bolo, não há diálogo interno em torno de 'Posso comer este bolo e ainda assim alcançar meu objetivo? A resposta é não. Não há necessidade de uma discussão na sua cabeça, uma vez que a discussão já foi resolvida quando o seu plano foi posto em prática. Está numa posição muito mais forte para dizer não ao bolo. Caso contrário, a mente tem realmente tendência para acreditar que podemos continuar a comer bolo e a perder peso.

Portanto, para o bem dos seus momentos críticos, você precisa fazer um objetivo claro e uma rota claramente definida para o seu objetivo.

Há uma segunda parte do estabelecimento de metas que é importante. Você sabeo "como" do seu objetivo. Agora você precisa entender o por que.

Vamos olhar para outro cliente, Jenna. A Jenna quer entrar numa rotina melhor no seu estilo de vida. Jenna tem 41 anos, é casada e trabalha como web designer *freelancer*. Ela vai para a cama às 3 da manhã e se levanta ao meio-dia. Ela trabalha em casa, por isso não é problema para o seu trabalho, mas isso significa que ela não consegue aproveitar os seus dias, o que é uma vergonha porque vive à beira-mar e adora fazer longas caminhadas com os seus cães Toby e Madeleine. Quando pensamos no que precisa mudar para a Jenna, é bastante simples. Ela precisa ir para a cama mais cedo (concordamos que é uma coruja noturna e que antes se sente irrealista) e levantar-se mais cedo (10h). Há mais algumas partes do plano que têm a ver com os hábitos da Jenna que geralmente têm de ser seguidos um pouco mais cedo durante o dia - assim como encontrar tempo para ela própria durante o dia, uma vez que parte das suas noites tardias é ter algum tempo "sozinha" depois do seu parceiro ter ido dormir. Parece simples. Ela pode simplesmente deixá-lo lá, mas se ela não se envolver no porquê de querer isso, então é provável que ela perca de vista o seu objetivo em algum momento.

Por isso, como parte da definição do teu objectivo, pergunta a ti próprio: Quando eu atingir esse objetivo, o que isso significará para mim? Quando tiver sua resposta, pergunte novamente: E o que isso significará para mim?

Perguntei à Jenna o que significaria para ela levantar-se mais cedo.

Jenna disse: Significa que vou gostar mais do dia e poder passear o Toby e a Madeleine de manhã e à tarde, o que eles vão adorar.

E o que é que isso significará para ti?

Sentir-me-ei realizado no final do dia e terei um sentido de realização, assim como ajudar o Toby e a Madeleine a terem um bom dia também.

E o que é que isso significará para si?

Vou sentir que estou a aproveitar ao máximo a minha vida e também a ajudar os cães a aproveitarem ao máximo as suas vidas.

Continue assim, perguntando-se o que significará para si a realização do seu objetivo até ter a noção do objetivo final por detrás do objetivo inicial. Para Jenna, foi sobre aproveitar ao máximo a vida e ajudar seus amados cães a fazer o mesmo. Você pode se perguntar Por que eu preciso saber disso? Você está se perguntando se deve se preocupar com este passo que leva apenas dois minutos do seu tempo?Precisa saber isso porque em algum momento sua motivação vai desaparecer no ar. Nesse ponto, quando a Jenna está deitada na cama sentindo-se aconchegante e sabe que deve sair da cama, pois já são 10 da manhã, ela precisará lembrar-se por que é importante. Nos pontos em que sentimos que temos de fazer um esforço extra e experimentar sacrifícios e desconforto, não é provável que o façamos se não tivermos em mente o porquê de o fazermos. Em vez disso, muitas vezes acabamos no território da obrigação. Como em: Eu realmente deveria me levantar agora. Todos nós passamos muito tempo dizendo a nós mesmos o que realmente deveríamos estar fazendo. Você saberá por experiência própria comodeveria ser ineficaz para implementar mudanças positivas. Para você, assim como para Jenna, vocêprecisa saber por que quer fazer essas mudanças para que você possa trazer essas razões à mente sem esforço em momentos críticos.

Em suma, conhecer os "porquês" e "comos" de nossas metas será vital para os momentos críticos. Eu sei que isso pode não parecer importante neste momento, porque neste momento você está focado em alcançar seu objetivo. Não é para este momento. É para os momentos críticos no futuro, onde se você não tiver um plano, você está sujeito a acabar se permitindo agir de uma forma que não estáalinhada com o que você quer alcançar.

Agora estamos convencidos de que a definição de metas é importante. Sim, agora mesmo!

Escreva seu objetivo no formato abaixo ou algo similar (se você tem mais de um objetivo para trabalhar, então tenha uma página ou pedaço de papel diferente para cada um). Você estará adicionando ao seu plano de ação enquanto trabalha. Se tiver coisas escritas em papel bonito issonão vai te ajudar, então faça isso em rascunho e quando o plano estiver terminado, escreve-o em papel bonito mais tarde. Não espere para ter o caderno ou papel certo para começar. Comece agora!

PLANO DE AÇÃO :
Data de início do plano de ação:
Meu objetivo é:
Alcançarei meu objetivo até (data):
O que significará conseguir isso? (Todas as respostas que vierem à mente, apenas parando quando você tiver chegado ao objetivo por trás do objetivo)
Mantenha seu plano de ação em algum lugar onde você possa encontrá-lo em momentos críticos. Deixe algum espaço na parte inferior da página, pois estaremos adicionando informações ao seu plano de ação durante o curso do livro.
É uma boa ideiavocê pensar onde colocar seu plano de ação para perguntar a si mesmo: Quais são os momentos críticos

para mim? Para a Jenna, guardar isto na cama dela foi um bom plano.

Rota do Sucesso

Sabemos agora que precisamoster um plano sobre **como** vamos atingir o nosso objetivo, bem como uma noção clara de **qual é** o nosso objetivo e **porque** é importante.

Como você cria esse plano? Ao longo deste livro, vamos observar algumas ações e comportamentos que podem apoiá-lo em direção ao seu objetivo, evocê vai querer incorporar em seu plano de ação. Mas, para começar, precisamos de uma ideia dos passos básicos.

Tomemos o Andy como exemplo. O objetivo de Andy era inicialmente um pouco amplo, pois ele queria adotar um estilo de vida mais saudável. Incluído nisso estava um desejo de perder peso, beber menos álcool e exercitar-se mais... E depois começar a namorar! Para Andy, ele precisava definir algumas tarefas que abordassem todos esses fatores. Isso não quer dizer que tenha que ser complexo. Na verdade, quanto mais simples, melhor.

As tarefas de Andy - algumas das quais são coisas que ele vai fazer e outras que ele não vai fazer - eram assim:
- Sem açúcar refinado de segunda a sexta-feira
- Sem álcool quatro dias por semana, a ser determinado no domingo em relação à semana seguinte, dependendo do horário social.
- Assistir às aulas de spin todas as segundas-feiras às 19h.
- Se uma viagem levar 30 minutos ou menos para andar, então caminhe em vez de dirigir.

Como você pode ver, este é um plano bastante simples que vai ao encontro dos objetivos de saúde de Andy. É claro que algumas pessoas optam por uma abordagem sobre dieta, que é mais complexa , e pode adaptar o seu plano para refletir quaisquer orientações que você está escolhendo para viver na busca de seu objetivo. Minha sugestão é que você é guiado por aquilo que o excita em relação ao detalhe e à complexidade. Para algumas pessoas (como Andy), olhar para um plano simples compreendendo apenas quatro tarefas cria uma sensação de que este novo estilo de vida é fácil e alcançável. Se ele se mantiver fiel a estas quatro regras simples, sem dúvida será mais saudável. Andy está ainda mais motivado quando percebe como pode ser simples.

Outros realmente gostam de um regime mais apertado, envolvendo um plano mais detalhado para cada dia. Se é assim no seu caso, então trabalhe com, não contra, suas preferências e deixe seu plano refletir essa preferência com muita especificidade.

Qualquer que seja a maneira que você queira abordar as coisas, não há como fugir da parte em que você precisa fazer o planejamento e escrevê-lo. Portanto, agora acrescente ao seu plano de ação a parte 'como' chegar ao seu objetivo. Pegue seu plano de ação e adicione um novo título.

"O meu caminho para o sucesso" ou outra coisa que consideres motivadora. Sob este título em forma de lista, simplesmente escreva os passos, açõese orientações que irá seguir para se certificar de que alcança o que estabeleceu.

Faça isso agora!

Ajuda-te a ti mesmo!

Comportamentos de Apoio

Falamos sobre definir um objetivo, saber por que o fizeste e como planejas alcançá-lo. Suponho que já tenha feito coisas assim antes e que ainda não tenham feito mudanças significativas e consistentes. No entanto, a boa notícia é que há maneiras de você se apoiar para manter o seu compromisso e motivação e nós vamos passar por isso antes de continuarmos a olhar para as barreiras mais significativas para a mudança. Estas são técnicas que o apoiam a manter-se focado, motivado e a manter os objetivos elevados na sua mente. Na sua lista de tarefas do plano de ação, comece a acumular uma lista de 'comportamentos de apoio a metas' que você fará uso, incluindo algumas ou todas as técnicas abaixo.

Estabelecer intenções

Estabelecer intenções é sobre ser claro no início de cada dia sobre o que você vai fazer naquele dia na busca de seu objetivo. Isto é útil de várias maneiras. Em primeiro lugar, ele divide seu objetivo em pequenos "pedaços". Às vezes, um objetivo como "ficar saudável" pode parecer vago, com tantas decisões pequenas tendo que ser tomadas a cada dia que você pode acabar se sentindo sobrecarregado. Mesmo com a rota para o seu objetivo que você colocou no lugar, ainda pode haver necessidade de clareza sobre o que isso vai parecer no dia-a-dia.

Por exemplo, Marcus decidiu escrever 500 palavras, cinco dias por semana, como parte de seu roteiro para completar seu romance. Isso ainda deixa a questão em aberto: Hoje é um desses cinco dias? Em caso afirmativo, em que momento vou hoje sentar-me e escrever? Ao estabelecer intenções no início de cada dia, você começa com a base certa, minimiza o risco de discussões internas mais tarde sobre se é hoje que você está tendo um dia de folga ou amanhã, e você tem um senso claro de direção para o dia seguinte. Você não está simplesmente sendo levado junto, indo com o fluxo do que acontece, tentando barganhar consigo mesmo à medida que o dia passa. As decisões são tomadas antes mesmo que o dia tenha começado corretamente. Uma decisão, tomada no início do dia em que você define suas intenções, nega a necessidade de deliberação interna em todos os outros pontos de escolha durante o dia. Ao fazer as escolhas antes mesmo que os momentos críticos surjam, você está tirando muita tensão da situação.

Pense agora sobre o seu objetivo. Como é que o estabelecimento de intenções pode ajudar? Se você reconhece que isso pode ser de valor para você, então adicione a definição diária de intenções ao seu plano de ação.

Visualização positiva

A visualização é sobre imaginar o que você quer no olho da sua mente. Você pode ser tão criativo quanto quiser, e muitas vezes há muitas visualizações diferentes que o apoiariam. As características principais simplesmente precisam ser que, em sua visualização você tenha alcançado seu objetivo e a visualização seja suficientemente vívida para que você a veja claramente e realmente a experimente da forma mais completa possível com seus sentidos. Você tem que ser capaz de ver a imagem, ouvir sons e sentir emoções enquanto você entra em suas visualizações.

É útil se a sua visualização não se concentrar em como você alcançará seu objetivo, mas sim a consequência disso. Visualize algo que por definição significa que você já atingiu seu objetivo. Para Marcus, ele visualiza o lançamento de seu livro. Ele está assinando cópias e, mais tarde, respondendo perguntas dos participantes. Durante isso, Marcus começa a sentir a satisfação de ter completado seu romance que ele tenha sucesso. Um dos objetivos de Marcus por trás do objetivo é sentir que ele conseguiu algo significativo com sua vida e a visualização se encaixa nisso, pois incorpora não apenas a conclusão de seu livro, mas também um público para seu livro, para quem ele trouxe prazer.

Marcus começa a pensar nas perguntas que podem ser feitas e quais podem ser suas respostas. Enquanto ele está visualizando, a motivação de Marcus em relação ao seu objetivo está aumentando, sua crença em si mesmo está aumentando, e seu foco no seu objetivo está aumentando, pois ele se lembra de por que esse objetivo é importante para ele.

Andy visualiza-se como padrinho de casamento do seu amigo. Ele imagina entrar na tenda vestido com seu terno e o sentimento de confiança e felicidade que vem de se sentir bem sobre si mesmo. Ele imagina dançar na festa e conversar com seus amigos. Para Andy, na sua visualização, ele tem uma noção de como a perda de peso tem impacto na sua capacidade de se divertir e de se sentir bem, aproveitando o seu objetivo mais amplo de tirar o máximo partido da sua vida. Andy lembra-se disto sempre que considera agir de uma forma que não se alinha com os seus objetivos.

A visualização não é apenas uma estratégia de motivação que nos faz sentir bem. Ela também impacta o nosso cérebro. A pesquisa mostra que o cérebro não consegue distinguir entre o que está realmente acontecendo e o que está acontecendo em nossa imaginação. Se repetirmos o comportamento vezes sem conta no olho da nossa mente, estamos realmente a treinar-nos como se o estivéssemos realmente a fazer.

Se a visualização atrai a você, então a adicione à sua lista de comportamentos de apoio ao objetivo, junto com uma nota do cenário que você deseja visualizar. Lembre-se que na visualização você já atingiu seu objetivo e ainda melhor se ele se alinha com o objetivo por trás do seu objetivo.

Converse consigo mesmo de forma positiva

Mudar o nosso diálogo interno tem potencial de ser extremamente poderoso. O que dizemos a nós mesmos impacta nosso humor, nosso estado emocional, nosso senso de si mesmo e nossas ações.

Todos nós temos maneiras habituais de falar conosco mesmos que são frequentemente muito críticas. Se pararmos e prestarmos atenção ao que estamos dizendo, é provável que descubramos que a maneira como falamos com nós mesmos é bastante desagradável e que não sonharíamos em falar com alguém assim! As nossas ações muitas vezes decorrem da nossa conversa pessoal. Embora fiquemos frustrados com nós mesmos por não nos comportarmos como gostaríamos, se examinarmos nossa conversa interna, o resultado muitas vezes não é nenhuma surpresa.

Por exemplo, Andy também quer ter mais confiança em falar com as mulheres. Ele vê uma mulher atraente com quem trabalha na máquina de café e está por perto. É uma boa oportunidade para uma conversa casual. Ele a conhece através de reuniões profissionais e, na verdade, seria totalmente normal dizer 'como você está? Mas é assim que vai a conversa de Andy: "Ah, lá está a Ellie. Vou dizer oi. E se ela me ignorar? Ela provavelmente não quer falar comigo. E se eu começar a falar e depois não conseguir pensar em nada para dizer? Continua assim. Imagine que você é o Andy. Se isso é o que você está dizendo a si mesmo, você está criando a noção de que falar com Ellie é uma perspectiva muito arriscada e faz todo o sentido evitá-la.

Em vez disso, você poderia adotar uma estratégia positiva de conversa interna. Isso seria na linha de: "Aaahh a Ellie. Eu adoraria falar com ela. Eu tenho muitos amigos e as pessoas gostam de estar perto de mim, então é bem provável que a Ellie me receba conversando com ela."

Isso pode funcionar para algumas pessoas. Mas, para outros, pode parecer uma mudança tão significativa em relação à sua posição habitual que é difícil de acreditar. Pode ser como tentar convencer-se de algo que não soa verdadeiro. Dito isso, se você emparelharisso com visualização e realmente entrar no sentimento de confiança, você pode tornar essa técnica muito mais eficaz.

Uma alternativa é optar por algo que seja mais sobre aceitar seus defeitos do que convencer-se de algo. "Oh, lá está a Ellie. Eu gostaria de falar com ela e conhecê-la um pouco melhor, eu vou até lá e digo olá. Ela pode ser amigável ou não, mas tudo bem de qualquer forma. Eu posso ficar sem coisas para dizer, mas isso não é o fim do mundo. É tudo um bom treino e esse é o nome do jogo agora mesmo. Essa abordagem é mais sobre enfrentar e aceitar seus medos e perceber que... bem, não é o fim do mundo!"Algumas pessoas acham isso mais útil porque você não está tentando evitar pensar em algo que é habitual, mas sim transformá-lo.

O autodialogo , tem que se tornar habitual para que seja mais eficaz, para que a sua nova forma de pensar se torne a sua forma natural de pensar. Isso significa muita prática e adquirir o hábito de primeiro perceber o que você está dizendo a si mesmo e, em seguida, mudá-lo ativamente. Muito do nosso auto dialogo está em piloto automático que nem sequer notamos as dificuldadeque estamos imputando a nós mesmos até que seja tarde demais. Mudar o auto dialogoé um processo que requer tempo e comprometimento. Quando você se esquece de monitorar seu autocontrole e, de repente, percebe que você está passando por um momento difícil, não se preocupe em passar um momento conversando comvocê mesmo! Mudar seu auto dialogo é algo em que você vai ficar melhor através do esforço consciente e, enquanto você estiver melhorando, você estará no caminho certo.

Há algumas maneiras de se ajudar efazer disso um hábito. Primeiro de tudo, faça uma lista de algumas frases positivas - afirmações positivas - que você pode memorizar. O conteúdo dessas afirmações depende de você e do que você está tentando alcançar. Não se esqueça de usar o tempo presente! Se você precisar de inspiração, procurar afirmações positivas na internet lhe dará muito por onde escolher. Faça uma nota daqueles que falam com você.

Anote suas afirmações em seu plano de ação. Embora você possa não acreditar nas afirmações como diz no início, com o tempo elas virão para substituir seus pensamentos negativos automáticos. Se você vai ter pensamentos automáticos, por que não torná-los positivos?

Certifique-se de adicionar alguns comportamentos de apoio a objetivos, tais como o estabelecimento de intenções, visualização e diálogos internos (incluindo quaisquer afirmações) ao seu plano de ação e vamos seguir em frente!

Construindo Hábitos Melhores

Como você já deve ter notado, fazer mudanças com base na força de vontade é um negócio de sucesso. Se a nossa motivação é muito forte, a nossa força de vontade também será. Temos razões claras para fazer as mudanças e assim fazemos. Este é muitas vezes o caso quando as apostas são muito altas, como quando temos um sério susto de saúde. Em tais circunstâncias, as consequências de não mudar são alarmantes o suficiente para nos obrigar a agir.

No entanto, muitas vezes a mudança não é um cenário de vida ou de morte. Sim, gostaríamos de ser mais magros, mas se nãoconseguirmos? O mundo não vai acabar. Com muitos dos nossos objetivos orientados para sermos melhores versões de nós próprios, o fracasso não é tão catastrófico como decepcionante, deixando-nos com um sentimento geral de insatisfação por não termos cumprido o nosso potencial.

Às vezes isso significa que a nossa vontade e motivação são propensas a diminuir. E há muitas razões possíveis para isso, que são descritas em outros capítulos. O que podemos fazer é facilitar a vida de nós mesmos, abordando os nossos hábitos, reduzindo assim a necessidade de confiar na força de vontade.

Quando um hábito se forma, ele se torna parte da nossa rotina e não temos nem que pensar nisso. Não precisamos de força de vontade para que isso aconteça... simplesmente acontece! Pense em vestir-se de manhã e escovar os dentes. A menos que haja doença ou outras circunstâncias na sua vida que tornem isso difícil, isso provavelmente faz parte da nossa rotina diária e não requer qualquer autofalante motivador ou força de vontade para ser realizado. Uma vez estabelecido como um hábito, não requer muito esforço, sacrifício ou desconforto para ser mantido - não seria bom?

Mas como formar um hábito? A pesquisa nos diz que a melhor maneira de fazer isso é ligar um novo hábito a um já existente. Talvez você queira entrar no hábito de estabelecer intenções. Como você já leu ter intenções claramente articuladas no início do dia é um grande objetivo de apoiar o comportamento que lhe dá uma chance muito maior de alcançar o que você quer alcançar.

Você já tem o hábito de caminhar até a estação de trem para trabalhar todos os dias, então você decide passar o tempo em que está caminhando para definir suas intenções para o dia e declará-las claramente em sua mente. Ligar seu novo comportamento a este hábito estabelecido ajudará a tornar seu novo comportamento um hábito também. Você não precisa mais encontrar tempo na sua agenda ocupada ou lembrar-se de fazer algo novo. Você simplesmente usa um hábito para sustentar outro.

Para a Jenna, ela queria sustentar-se com os seus objetivos, definindo as suas intenções todas as manhãs. Ela já era propensa a carregar no botão da soneca, por isso agora usava o tempo de soneca de sete minutos para definir as suas intenções e fazer as suas afirmações. A partir de agora, carregar no botão da soneca foi o gatilho para a ação dos seus novos hábitos em vez de contar mais tempo no relógio.

Pergunte a si mesmo: Existe uma parte do seu objetivo que envolve a formação de um hábito? Pode ser que o objetivo em si possa ser formado por comportamentos habituais. Por exemplo, se, como Marcus, você quiser escrever um livro, você pode olhar para ele como se estivesse adquirindo o hábito de escrever diariamente. A realização de seu objetivo depende do desenvolvimento de um novo hábito. Se você já tem o hábito de tomar uma xícara de café pela manhã e ler seus e-mails, você pode passar a escrever 500 palavras com seu café. Em seguida, leia seus e-mails. O novo hábito é ensanduichado entre dois fortes já existentes e com o tempo torna-se uma parte de sua rotina habitual que não requer muito em termos de força de vontade.

Para outros objetivos, como perder peso, é sobre o que você não vai fazer, bem como o que você vai fazer. Mas os hábitos ainda podem ajudar, já que você incorpora alguns dos comportamentos de apoio aos objetivos em sua rotina. Andy, por exemplo, decidiu reduzir o consumo de uma cerveja diária (ou cinco) para apenas três vezes por semana. Para apoiá-lo a conseguir isso, Andy decidiu que estabelecer suas intenções no início do dia era um comportamento útil de apoio a metas. Dessa forma, ele sabia se hoje era um dia " sem bebidas" e estabeleceu um plano claro para o dia desde o início. Desta forma, embora os seus objetivos consistissem em não fazer coisas, o hábito de estabelecer intenções fez com que se mantivesse fiel ao caminho que tinha planeado para alcançar o seu objetivo.

A coisa com hábitos é que eles se tornam partes regulares, automáticas da nossa rotina diária. Podem parecer pequenas coisas, mas o acúmulo dessas pequenas coisas é o que levará, em última análise, a uma grande mudança. Uma vida mudada muitas vezes não passa de uma mudança de hábitos.

Passemos agora à ação: Para o seu objetivo - ou para cada um dos seus objetivos - verifique o seu plano de ação para ver quais das tarefas que você identificou requerem um novo hábito. Olhe também para os seus comportamentos de apoio aos objetivos e perceba que estes também são hábitos que você precisa formar. Ao lado de cada ação que se qualifica como um hábito escreva quando você vai conseguir isso, ligando-a onde puder aos comportamentos existentes.

Se você escreveu a definição da intenção, escreva ao lado dela quando você vai fazer isso. Certifica-te que o ligas a algo que estás a fazer regularmente para seres mais eficaz. Se você tem um trajeto para o trabalho, a boa notícia é que você pode gerenciar os hábitos de definição de intenção, visualização e afirmações positivas no seu caminho e começar o seu dia no caminho certo - embora tenha em mente que você vai precisar ligar a algo mais nos dias em que você não está no trabalho. Se você não tem muita rotina, como Jenna (na verdade, entrar em uma rotina melhor é um dos seus objetivos) ou trabalhar em casa, então tenha em mente que essas coisas não demoram muito e ainda há muitas coisas que você pode ligar seus novos hábitos. Declarar intenções à medida que você se veste. Visualize por cinco minutos quando você se deitar pela primeira vez. O que quer que funcione para você, faça disso o seu plano.

Agora, quando seu plano de ação envolver um novo hábito (seja dentro da rota para o sucesso ou comportamentos de apoio ao objetivo), escreva ao lado dele quando você vai realizar isso, ligando-o a uma parte existente de sua rotina, sempre que possível.

Primeiros Passos

Agora o seu plano de ação está parecendo muito bom, com um objetivo claramente definido, razões específicas pelas quais você quer alcançá-lo e como você vai alcançá-lo. E você identificou comportamentos e hábitos de apoio a metas que você pode usar para mantê-lo motivado e no caminho certo!

Até agora, tudo bem. Mas, neste momento, o seu plano é apenas um pedaço de papel. É hora de colocar a ação em seu plano de ação!

Para muitas pessoas, o problema é começar a trabalhar. Elas são propensas a adiar as coisas. Andy, por exemplo, diz muitas vezes a si mesmo ao contemplar aquela cerveja habitual das 19h: "Começo amanhã."

Jenna, ainda aconchegada debaixo do edredom ao meio-dia, quando o seu alarme estava marcado para as 10 da

manhã, diz para si própria:" Só mais meia hora". Ela já fez isso quatro vezes.
E esse é o problema. Não começamos amanhã. Em vez disso, adiamos novamente num próximo prazo e novamente no seguinte. Talvez você seja uma daquelas pessoas que só começam novos regimes na segunda-feira e então se você não sair da marca na segunda-feira, dê a si mesmo permissão para outra semana inteira de não começar!
Me desculpe dizer, adiar significa que isso nunca vai acontecer. Então, por que, quando temos um objetivo que é importante para nós, nós o adiamos?
Como discutimos, embora nosso objetivo represente um forte desejo, ele também envolve deixar de lado o que nos mantém presos, tolerando o desconforto e tomando medidas para alcançá-lo. Lembre-se de quando leram as primeiras páginas deste livro, descrevendo estes princípios e os passos necessários para transformar suas metas em realidade. Suponho que não tenha parecido uma grande perspectiva. Estamos todos

realmente desejando que houvesse uma maneira fácil e que pudéssemos contornar a parte difícil. Na verdade, queremos acordar de manhã desesperados para sair da cama e não ter necessidade de uma cerveja depois do trabalho. Não vai acontecer.

O problema com começar é que nós temos que empurrar-nos para fazer algo que não tem apelo emocional imediato. Temos que estar motivados no momento crítico em que estamos enfrentando a recompensa de fazer a mesma coisa que não deveríamos estar fazendo.

Perguntei ao Marcus por que ele não escrevia nada há uma semana. Ele disse: Continuo adiando. Eu sei que devo fazer isso, mas não me animo, acho eu.

Quando perguntei à Jenna porque é que ela não tinha começado a ir para a cama à 1 da manhã desta semana como tinha planeado (tendo falhado numa segunda-feira, decidiu então não começar a fazer alterações durante uma semana inteira), ela disse algo semelhante. Oh, eu tinha tido um dia tão difícil na segunda-feira - a caldeira avariou e foi um drama ter alguém a arranjá-lo e depois disso ainda não me sentia preparada para ir para a cama. Eu queria relaxar primeiro.

O que você pode notar tanto para Marcus quanto para Jenna é que eles estão esperando pelo momento em que sentem vontade. Eles estão esperando para serem tomados pela vontade de fazer aquilo que não costumam fazer, porque não gostam muito. Se o sentimento não está lá, eles adiam ainda mais o seu objetivo.

Esse tipo de pensamento é baseado em uma suposição chave que Andy e Jenna estão comprando:

Esse "sentir-se como tal" é necessário para instigar um comportamento.

Não me interprete mal; Mas não faça com que os seus objetivos dependam de se sentir assim! A mudança exige que se abandone o que nos mantém presos, tolerando o desconforto e agindo. Não é provável que você esteja sempre com disposição para essa mistura tentadora. Portanto, não espere 'sentir-se como tal'.

Reconheça que quando acordar de manhã, pode não ter vontade de sair da cama. Você pode não sentir vontade de ir à academia. Você pode não sentir vontade de fazer afirmações no caminho para o trabalho.

Mas, felizmente, você vai desacoplar a necessidade de sentir vontade de fazer isso. Você vai ter uma nova crença a partir deste momento: Sentir que não tem nada a ver com isso.

E não se esqueça você tem muitas evidências em sua vida de que sentir que não é essencial para a ação. Isso ajuda! Mas não é necessário. Há um bilhão de coisas que fazemos o tempo todo sem nos sentirmos assim - preenchendo nossa declaração de impostos, cuidando de um bebê chorando no meio da noite, até mesmo indo para o trabalho! Fazemo-los de qualquer forma porque sabemos que é do nosso interesse (ou do interesse de alguém importante para nós) fazê-lo. O mesmo vale para os novos comportamentos que nos movem em direção aos nossos objetivos. São do nosso interesse e, felizmente, estamos muito esclarecidos sobre o porquê de os estarmos a fazer para aqueles momentos de dúvida.

Isto encaixa no princípio do desconforto. O fato é que vamos nos sentir desconfortáveis. Desafiar-nos a sair da nossa zona de conforto é, por definição, desconfortável. Mas é também a forma como expandimos a nossa zona de conforto. Assim, paradoxalmente, ao ficarmos desconfortáveis em curto prazo, tornamo-nos mais confortáveis em longo prazo. Quando você gerencia algo desconfortável, você pode dar a si mesmo um grande tapinha nas costas. Ao fazer isso, você está realmente fazendo algo muito mais do que caminhar em direção ao seu objetivo; você também está desenvolvendo tolerância para fazer coisas que o deixam desconfortável. Imagine todas as mudanças que você pode fazer quando se sentir confortável em se sentir desconfortável?

Então, como posso me sustentar para fazer isso, mesmo que não me agrade?

Aqui vão duas dicas:
- No seu plano de ação, escreva uma mensagem para o seu eu futuro, aquele que vai ler isso e pensar que vai começar na próxima semana. A mensagem pode ser algo simples; uma citação que você já ouviu ou apenas uma resposta sincera à pergunta: por que estou fazendo isto - mas o mais importante, por que estou fazendo isto AGORA. A mensagem de Andy para si mesmo foi: Chega de desculpas, a hora é agora! Jenna encontrou uma citação da internet: O segredo para avançar é começar.
- Invista em seguir em frente com isso. No seu plano de ação você vai notar uma data de início. À medida que a data de início se aproxima, comece a trabalhar com os seus comportamentos de apoio aos objetivos. Esteja declarando sua intenção de começar nesta data. Conte às pessoas até mesmo. Visualize e se entusiasme com as mudanças que você vai fazer. Basicamente, hipnotize-se! Mesmo que estejamos fazendo algo que não gostamos muito do som, uma vez que estamos

entusiasmados com isso, é decepcionante se não ocorrer. Quando estás entusiasmado com algo, adiar é mais decepcionante do que satisfatório. Ajuda-te a ti próprio iniciando esse processo agora!

Mudar sua Auto Imagem Ajudará A Mudar sua Atitude

Muitas vezes não mudamos porque fazê-lo nos colocaria em desacordo com nosso senso comum. Pergunte a si mesmo: Quem seria eu se atingisse esse objetivo? Para alguns, isso é exatamente o que eles querem ser e tudo está bem, mas para outros, podemos nos sentir um pouco perdidos sem nosso esforço sem fim. De fato, se ser um lutador faz parte de quem somos, uma vez que tenhamos alcançado o que estamos lutando, podemos nos sentir perdidos!

A questão da auto identidade, em particular, ganha vida em torno da ideia de preguiça. Muitas pessoas se identificam como preguiçosas. Ser preguiçoso significa basicamente não estar preparado para fazer o esforço necessário para ver uma meta se tornar realidade. No entanto, poucas pessoas são preguiçosas. A preguiça não é uma característica fixa como ter olhos castanhos ou azuis. A preguiça é uma característica do contexto em que nos encontramos. Podemos ser muito preguiçosos em certas áreas da vida - como o exercício - mas muito produtivos noutras áreas, como a organização. Muitas vezes, onde gastamos esforços, estamos ligados àquilo que nos motiva e que consideramos importante. Como tal, poucas pessoas podem ser consideradas preguiçosas de uma forma generalizada.

No entanto, pode acontecer que algumas pessoas atribuam a palavra preguiça a si própria e depois a considerem um rótulo bastante útil. Em várias ocasiões trabalhei com pessoas que me dizem com um encolher de ombros como são preguiçosas, sorrindo o tempo todo como se fosse algo que lhes agrada bastante. E eles podem muito bem estar, pois dizer que você é preguiçoso lhe dá permissão para então agir como preguiçoso.

Por outro lado, há momentos em que nos sentimos completamente desprovidos de energia para fazer qualquer esforço. Talvez a apatia é um termo mais apropriado do que preguiçoso e pode ser um sinal de depressão. Se você acha que este pode ser o caso e você sofre de uma apatia persistente e generalizada, então consultar seu médico de família ou um terapeuta seria uma boa ideia.

Mas para aquele para quem isso representa uma crença negativa e não um sintoma de algo mais sério, então o primeiro passo - que se aplica a qualquer crença que você tenha sobre si mesmo - é parar e verificar a realidade. Você é realmente preguiçoso/ não tem poder de vontade/ o que quer que você acredite sobre si mesmo que contribui para a sua auto identidade de uma forma que não é útil para você? Pergunte-se, você é preguiçoso o tempo todo? Todos os dias e de todas as formas? Muito provavelmente você vai descobrir que há momentos em que você está neste tipo de estados e

momentos em que você não está. Formule uma avaliação mais precisa de si mesmo:
Por exemplo, quando desafiado a fazer uma avaliação mais precisa, Marcus disse: Eu sou o tipo de pessoa que pode ser preguiçosa às vezes e ter problemas para começar a escrever, mas quando eu começar a trabalhar por um longo tempoisso desaparecerá;
Trata-se de fazer mudanças no nosso autoconceito. É muito fácil fazer uma lista de traços, comportamentos ou características e afirmar que somos essas coisas, ao contrário de que somos ou fazemos essas coisas algumas vezes. É importante ser visualizado nossa auto compreensão e notar as exceções e quando fazemos coisas que desafiam positivamente nossa autoimagem negativa.
Isto será mais fácil de alcançar quanto mais tivermos experiências que sustentem nossa versão mais matizada de nós mesmos. Quanto mais fazemos coisas que estão fora do nosso roteiro habitual, mais

a nossa autoimagem e a história que contamos sobre nós mesmos mudam.

Começaremos a nos ver como o tipo de pessoa capaz de mudar, comprometida com as metas e capaz de fazer as coisas acontecerem.

Faça este exercício:
Pense em uma crença que você tem sobre si mesmo. Por exemplo:
- Eu sou preguiçoso
- Eu não tenho nenhuma força de vontade
- Sou inútil na autodisciplina

Agora pergunte a si mesmo: Quando é que isso não aconteceu? Liste cinco exemplos de quando você demonstrou exatamente o oposto.

Agora crie uma nova declaração de auto identidade. Quando você fizer isso, certifique-se de usar uma voz ativa. Isso significa que você diz que é você, ao invés de algo que aconteceu com você.

Pode ser algo do tipo: Eu sou o tipo de pessoa que se compromete com coisas que são importantes para mim e nunca desiste!

Pegue na sua declaração de auto identidade e escreva-a no seu plano de ação. Mais do que isso, observe como você fala de si mesmo para si mesmo e para os outros. Mude-o conscientemente. Se você quer mudar algo sobre você mesmo, pare de dizer como se fosse verdade. Por exemplo, se você quer ser mais aventureiro, pare de dizer a si mesmo e aos outros como você não é aventureiro! Pode ser muito cedo (e não se sentir autêntico) para redefinir-se como super aventureiro, mas você poderia, por exemplo, dizer: Estou aberto a novas experiências! Encontre algo verdadeiro E alinhado com a pessoa que você quer ser.

Quando a Auto Ajuda se torna
Obstáculo para
O Autodomínio

Às vezes, podemos fazer algo que nos faz "sentir" como se estivéssemos perseguindo nosso objetivo, mas na verdade é uma maneira de adiar isso. Pode parecer surpreendente, mas mesmo em terapia ou autoajuda, pode ser o caso de nós 'refletirmos' para adiarmos o 'fazer'.

Para algumas pessoas, especialmente aquelas que entram em ação muito rapidamente sem pensar nas coisas, é vital incorporar períodos de reflexão. No entanto, para outros, especialmente aqueles que tendem a ficar preso ao pensar, analisar, planear, ruminar e são lentos a agir, é preciso estar ciente de que mesmo as coisas que são concebidas para ajudar podem ser realmente outra forma de evitar a ação.

Vejamos o caso de Andy, por exemplo. Ele quer conhecer uma parceira de relacionamento. Ele sabe que namoro na internet é uma ótima maneira de conhecer pessoas, mas não tem receio em torno de escrever seu perfil. Ele leu três livros de autoajuda sobre autodisciplina e alcançar objetivos. Agora ele reservou algumas sessões de terapia. Ele decidiu que vai esperar para escrever seu perfil apenas quandoperder peso e resolver seus "problemas". Enquanto é corajoso e louvável que Andy está pronto para olhar

para suas questões, eu estaria me perguntando se Andy também está usando a exploração de suas questões em parte como uma maneira de evitar tomar medidas sobre eles. Isso não significa não fazer terapia, significa simplesmente que dentro da terapia deve haver um foco em avançar para a ação e não permitir que a terapia seja simplesmente outra parte da prevenção. Para que a terapia seja eficaz, ela precisa desafiar os processos existentes que estão em torno de uma questão. Portanto, neste caso, Andy está, em parte, usando a terapia como outra forma de manter a questão - de não entrar em ação - viva. A terapia precisa de ser tanto de apoio como de desafio para ajudar Andy a reconhecer o seu processo procrastinador e a tornar-se mais confortável em assumir riscos emocionais.
Como você sabe se isso se aplica a você? Olhe para o seu padrão. Se este é o seu primeiro esforço para uma mudança significativa, então provavelmente não sabe. Por outro lado, se você está fazendo uso de uma série de formas de ajuda, tais

como fóruns online, terapia, coaching, livros de autoajuda, muita análise dos problemas com amigos, etc. mas ainda tem que avançar para a ação, então pode muito bem ser algo que você precisa considerar.

Naturalmente, abordar as suas questões é uma coisa boa (afinal, é disso que trata este livro) e muitas vezes podemos descobrir que a nossa resistência à mudança está profundamente enraizada, caso em que abordar isto através de psicoterapia ou aconselhamento é um grande passo. Se você acha que se beneficiaria da psicoterapia, eu posso ser encontrado em www.sallyhiltontherapyonline.com e oferecer uma consulta inicial gratuita aos leitores deste livro (se a disponibilidade assim o permitir).

Em geral, temos que estar atentos para garantir que fazemos a mudança das mudanças em nosso pensamento e sentimento para mudarmos em nosso comportamento. A ideia é passar da reflexão para a ação e de volta para a reflexão, etc., em um sistema de feedback contínuo. Ao fazer isso, mudamos nosso pensamento e então testamos através de mudanças em nossas ações e então reavaliamos (de volta ao pensamento). Essencialmente, trata-se de colocar a teoria em prática.

Olhe novamente para o seu plano de ação. Há partes dele que não são realmente "ação" e mais sobre pensar sobre ação, planejar para ação ou explorar a inação? Se sim, adicione uma parte à tarefa ou meta. Dizer que uma de suas tarefas de 'caminho para o sucesso' é trabalhar com um terapeuta para explorar as razões por trás da minha resistência em assumir riscos emocionais. Isso é louvável! A parte da ação pode ser simplesmente adicionar à frase algo como e depois fazer três coisas que me desafiam emocionalmente. Você pode não saber como será a parte 'fazer' ainda, mas tenha certeza de que ela está lá!

Resolvendo Conflitos Internos

Você provavelmente quer desistir de algo ou começar algo e ainda assim seus sentimentos não se alinham com seu objetivo (caso contrário você estaria fazendo isso). Você pode, como Andy, querer perder peso, ou como Marcus, escrever um romance, mas apenas parte de você quer isso. A outra parte de você quer exatamente o oposto. A outra parte de Andy quer comer pizza e beber cerveja, a outra parte de Marcus quer navegar na internet e não fazer muito. E essa outra parte de você é muito poderosa. Quando as pessoas querem mudar, o que elas muitas vezes querem é que a parte não conforme cesse, e que não haja conflito interno. Se estivermos totalmente de acordo com um objetivo, com certeza estaremos alcançando-o.

Mas na maioria das vezes, não é assim tão simples. Ao escolher perseguir nosso objetivo, perdemos algo. E se isso é importante para nós, então temos uma receita para o conflito interno. Queremos duas coisas e elas não são compatíveis.

Quando você está em conflito interno, uma batalha está sendo travada entre duas partes de você. Muitas vezes, se você ouvir o diálogo, verá que os oradores podem ser categorizados como pais e filhos. Há uma parte da criança - aquela que está dizendo que eu quero, eu quero!. Esta parte é toda sobre gratificação instantânea, não tem nenhuma preocupação real com as consequências e é impulsiva. Você pode até descobrir quando esta parte está dominando que você fala em uma voz infantil ou tem a linguagem corporal de um adolescente!

Em contraste, a outra parte é muitas vezes de natureza muito parental. Cheio de proibições, dizendo-lhe o que deve fazer, dizendo-lhe o que deve fazer e estando no alto da moral. Quando esta batalha está em pleno andamento, é como um argumento na sua cabeça:

Acho que vou comerbolo na cozinha.

Você não pode comer bolo, está de dieta!

Oh, que se lixe a dieta! Eu faço dieta amanhã.

Você não tem força de vontade, isso é patético.

Oh, cale a boca. Pare de me dizer o que fazer. Eu quero comer bolo.

Como você responde ao seu "filho" exigente está muitas vezes enraizado na nossa própria infância. Às vezes, se fôssemos super indulgentes, nós não aprendemos o autodomínio e torna-se natural responder simplesmente a mim quer com que eu devo ter.

Por outro lado, se você não foi suficientemente indulgente, então você pode descobrir que você está dando a si mesmo a mesma coisa que não lhe foi dada; se mimando, para compensar a retenção de pais. Às vezes, dizer que se lixe essa voz dos pais dentro de nós é o que nós realmente queríamos dizer aos nossos pais quando eles estavam dizendo que não.

Mas chegar à raiz do porquê de sermos assim não muda necessariamente as coisas. O que precisamos fazer é mudar a conversa. A maneira mais útil de fazer isso é passar de um diálogo interior de conflito entre pais e adultos para um diálogo interior entre adultos. O auto dialogodos adultos difere na medida em que está enraizado numa apreciação racional, aqui e agora, de uma situação, pode ver todos os lados e tende a não ser tão polarizado. O auto dialogo dos adultos não é sobre negar emoções e negar desejos, mas mais sobre reconhecê-los e sentar-se com eles. Quando você está se aproximando da geladeira, o autofalante adulto pode ir mais de acordo com as linhas:

Eu adoraria um pedaço de bolo, mas tomei a decisão de que estou priorizando minha saúde agora mesmo, então eu não vou ter nenhum bolo hoje. Mas é importante ter guloseimas, por isso vou tomar um bom banho e ler uma revista.

O auto dialogo dos adultos não está cheio de deveres. Deve pertencer aos pais. A conversa de adulto reconhece a necessidade ou o desejo, mas também a mantém em equilíbrio com uma apreciação das consequências a longo prazo.

Separe-se do seu plano de ação, faça uma lista das declarações permissivas típicas que você pode notar em seu diálogo interior. Ao lado delas, escreva uma declaração para adultos que ambos reconheçam a necessidade, mas que se comprometam com a sua felicidade em longo prazo. Agora escreva estas afirmações no seu plano de ação sob o título "afirmações de apoio" ou algo semelhante.

E se Tememos o Sucesso?

Uma das maneirasde não atingir o nosso objetivo é que, em algum nível, receamos o sucesso. Independentemente das nossas intenções conscientes, por vezes o nosso inconsciente tem uma agenda completamente diferente. Se você perceber que tem um padrão de fazer bons progressos em direção aos seus objetivos, mas depois se auto sabota, isso pode significar que você tem medo do sucesso, o que realmente significa ter medo das consequências do sucesso.

Se você acha que isso pode ser verdade para você, faça este breve exercício:

Traga à mente a coisa que você quer mais do que qualquer outra coisa (a coisa que você não está recebendo, mesmo sabendo que tem potencial). Agora, feche os olhos e imagine o momento em que o seu sonho se torna realidade. O sonho precisa ser algo que esteja ao seu alcance, mesmo que seja um desafio. Talvez, como o Andy, seja entrar na balança dos halterofilistas e ter atingido o seu objetivo de peso, ou como o Marcus, é ter o seu livro aceito por uma editora. Seja o que for, imagine o cenário em grandes detalhes. Imagine os momentos antes e depois. Vive-o nos olhos da tua mente. O que você vê, o que você ouve? Em particular, note como você se sente. Todo o seu corpo está a vibrar de alegria e excitação? E quanto às palavras em sua cabeça, são todas palavras de alegria e prazer? Ou há uma sensação de irritação a puxar por ti? Existe apenas uma sensação de querer afastar-se das imagens, do sentimento que vem com elas? Existe uma sensação de que eu quero isso... Mas?

Se você notar qualquer uma dessas coisas, você está entrando em um grau de ambivalência sobre o sucesso. Você pode tentar isso com qualquer coisa que você acha que quer, mas não está recebendo (por exemplo, relacionamentos, promoção no trabalho, etc.).

Se você percebeu que tem medo do sucesso até certo ponto, precisamos saber por quê. Como ponto de partida, pergunte a si mesmo estas duas coisas:

Que resposta emocionaleu tive quando imaginei o meu cenário de sucesso? (por exemplo, medo, ansiedade, constrangimento).

Quais são as consequências do sucesso para mim? (note particularmente as consequências que você não quer).

As respostas a estas perguntas serão pessoais e para as suas circunstâncias. Marcus é tímido, então ele pode notar sentimentos de constrangimento e quer evitar a consequência de ser um autor de sucesso e ter que promover seu livro na mídia e fazer outros eventos onde ele é o centro das atenções.

O sucesso também pode levar a mudanças e desafios em nossos relacionamentos mais próximos. Se as pessoas à nossa volta e, em particular, a nossa família não é muito bem sucedida, o sucesso pode desafiar o nosso sentimento de pertencimento a esse grupo, ou mesmo fazer-nos sentir culpados, particularmente no que diz respeito a superar os nossos pais. Também pode mudar a dinâmica dos relacionamentos, às vezes levando à dependência financeira das pessoas próximas a nós. A realização de um objetivo de longa data pode ocasionalmente deixar uma sensação de vazio e falta de direção, de não ter mais nada a visar.

Para Andy, este exercício ajudou-o a compreender a sua própria ambivalência em relação a ter a vida que queria. Quando ele explorou a raiz disso, ele reconheceu uma crença de longa data de que há sempre um preço a ser pago pela felicidade. Ele podia rastrear esta crença até à sua infância, quando a felicidade era algo de suspeito, algo que podia ser tirado a qualquer momento. É melhor não tê-la em primeiro lugar!

Andy reconheceu que sempre lhe foi dito "basta" como se fosse ganancioso querer mais do que tinha. Recebeu elogios dos seus pais por não ser excessivo. Para Andy, ter tudo certo significava que ele estava recebendo mais do que o que lhe era devido e isso caiu fora do que ele tinha vindo a acreditar ser a forma como a vida deveria ser supostamente.

Em muitos aspectos, não é surpreendente que as pessoas tenham um grau de medo do sucesso. O sucesso traz muitos aspectos positivos, mas também traz mudanças. Está além do escopo deste livro examinar as muitas maneiras diferentes pelas quais o medo do sucesso pode atrapalhar seu objetivo, mas se você achar que há consequências de ter sucesso em seus objetivos que você não gosta ou não tem certeza de como lidar com elas, pode ser uma boa idéia consultar um terapeuta sobre maneiras de viver com essas consequências efetivamente ou fazer algum trabalho reflexivo por conta própria para olhar para as coisas que você teme e criar um plano de como você iria gerenciar essas coisas. Pode ser que, como Marcus, você reconheça que a timidez pode ser um problema para você, mesmo sabendo que não precisa ser extrovertido para ter sucesso. Você pode então decidir se gostaria de trabalhar em sua timidez, através de autoajuda ou terapia, ou se você pode encontrar uma estratégia para o sucesso em seu objetivo que lhe permita ser como você é. Para Marcus, por exemplo, ele pode decidir trabalhar para superar sua timidez, ou pode decidir escrever com um pseudônimo e realizar apenas trabalhos promocionais que estejam dentro de sua zona de conforto, como redes sociais, em vez de atividades presenciais.

Pode parecer desnecessário neste momento estar pensando sobre essas coisas quando Marcus está apenas começando a escrever um livro em uma indústria onde as chances de sucesso são estatisticamente raras. No entanto, a questão é: esse medo atrapalha a minha busca por meu objetivo agora mesmo? Se a resposta for não, é alguma preocupação distante, então, por todos os meios, aborde-a quando e se o tempo chegar. No entanto, se você sabe que isso está afetando você até mesmo começando, então você precisa lidar com isso agora. Por exemplo, após a exploração, uma das preocupações de Andy sobre namoro acabou sendo sobre seu medo do divórcio. Embora pareça mais comum que isso seja uma preocupação no momento de se comprometer com o casamento, para Andy é um problema que o impede de se abrir para conhecer pessoas. Por causa disso, ele precisa lidar com isso agora, em vez de se preocupar com isso quando o casamento se torna uma perspectiva mais imediata.

Verifique com você mesmo: Há alguma coisa com a qual você precisa lidar para perseguir seus objetivos de todo o coração? Se sim, quais são? Adicione-as ao seu plano de ação sob o título 'outras coisas para trabalhar'. Você pode decidir que estes precisam se tornar objetivos por direito próprio, e você pode passar por este processo novamente com eles em mente.

Recompense-se !

Então agora você tem um plano de ação completo e nós olhamos bem de perto para evitar algumas das armadilhas mais comuns para torná-lo um sucesso. Agora vamos ver como garantir que manterá a tua motivação viva, recompensando-te pelas coisas que correm bem. Muitas vezes somos muito duros conosco mesmos. Isso é talvez até parte da razão pela qual você está lendo este livro, sentindo que você não está fazendo o 'suficiente' ou alcançando o suficiente de alguma forma. Todos nós queremos alcançar até certo ponto e é normal que às vezes precisemos nos dar um empurrão para fazer as coisas acontecerem. Dito isto, é muito fácil cair em uma armadilha de nos dar muitas tarefas para fazer para que nossa existência pareça uma longa lista de coisas a fazer e o tempo de inatividade induza sentimentos de culpa.

Nós não queremos transformar a busca do melhor de nós mesmos em uma busca insalubre. Então, como é que a mantemos saudável? Primeiro de tudo, tome tempo

para notar todas as coisas que você alcançou e dentro do planejamento, todas as coisas que você provavelmente nem mesmo classifica como uma conquista!
Lembre-se do seu objetivo final, o objetivo por trás do objetivo, o porquê de tudo isso? Com demasiada frequência, quando verificamos o nosso progresso em relação aos nossos objetivos, entramos num processo de "crescimento". Sim, fomos para a aula de spin! Sim, escrevemos 500 palavras hoje! Mas lembre-se por que estamos fazendo isso? Normalmente porque queremos viver plenamente, seremos os nossos melhores "eus", etc.
podemos estar vivendo plenamente e expressando nosso melhor de nós mesmos em muitos contextos, incluindo quando parecemos estar fazendo "nada" ou estamos relaxando ou socializando com amigos e familiares. Tire um tempo todos os dias para perceber o que nos faz sentir bem. Isto pode incluir todos os seus sucessos em relação aos seus objetivos, mas também todas as coisas com as quais você normalmente não se sente bem. Por

exemplo, Marcus teve uma ótima conversa com um homem que sentou ao lado dele no trem para o trabalho. Jenna foi a um encontro as escurascom amigos e riu toda a noite. Andy passou uma noite relaxando assistindo a um filme e dando a si mesmo permissão para não fazer mais nada!

Pensamentos Finais

Agora que sabes o que precisas de fazer, cabe-te a ti fazê-lo.

Agora você tem um plano de ação que deve ser parecido com o da próxima página.

Usa de cores, torna-o bonito, faz o que tens de fazer para que seja apelativo para ti e começa!

Por mais que livros como este possam ajudar, eles só ajudam se você colocar suas lições em prática. A motivação e o encorajamento que você precisa estão todos dentro de você! Volte para as declarações de motivação que você escreveu e lembre-se por que você está fazendo isso.

Coloque seu plano de ação em algum lugar onde você o veja o tempo todo.

E, acima de tudo, aproveite. Faça da busca do seu melhor "eu", uma fonte de prazer e orgulho. Aproveite o tempo para se sentir bem com seus esforços à medida que você sai da rotinae alcança seus objetivos!